ENGLISH NEXT A1

Aktualisierte Ausgabe

Companion

Hueber Verlag

English NEXT
A1
Aktualisierte Ausgabe

Student's Book
Myriam Fischer Callus
Gareth Hughes
Birgit Meerholz-Härle

Companion
Gareth Hughes

Das Werk und seine Teile sind urheberrechtlich geschützt.
Jede Verwertung in anderen als den gesetzlich zugelassenen
Fällen bedarf deshalb der vorherigen schriftlichen Einwilligung
des Verlags.

Hinweis zu § 52a UrhG: Weder das Werk noch seine Teile
dürfen ohne eine solche Einwilligung überspielt, gespeichert
und in ein Netzwerk eingespielt werden. Dies gilt auch für
Intranets von Firmen, Schulen und sonstigen
Bildungseinrichtungen.

Eingetragene Warenzeichen oder Marken sind Eigentum des
jeweiligen Zeichen- bzw. Markeninhabers, auch dann, wenn
diese nicht gekennzeichnet sind. Es ist jedoch zu beachten,
dass weder das Vorhandensein noch das Fehlen derartiger
Kennzeichnungen die Rechtslage hinsichtlich dieser
gewerblichen Schutzrechte berührt.

4.	3.	2.		Die letzten Ziffern
2020	19	18	17 16	bezeichnen Zahl und Jahr des Druckes.

Alle Drucke dieser Auflage können, da unverändert,
nebeneinander benutzt werden.
1. Auflage
© 2014 Hueber Verlag GmbH & Co. KG, München, Deutschland
Verlagsredaktion: Thomas Bennett-Long, Susanne Schindler, Hueber Verlag, Ismaning
Layout und Satz: Sieveking · Agentur für Kommunikation, München und Berlin
Herstellung: Cihan Kursuner, Hueber Verlag, Ismaning
Umschlagfoto: © Getty Images/Photodisc/Digital Vision
Zeichnungen: Sina Scheller-Persenico, Zürich
Druck und Bindung: Firmengruppe APPL, aprinta druck GmbH, Wemding
Printed in Germany
ISBN: 978-3-19-002942-6

List of contents *Inhaltsübersicht*

Welcome to your Companion
Das bietet Ihr Companion — 4

Your vocabulary *Ihr Lernwortschatz* — 6

Vocabulary unit by unit *Unit-Lernwortschatz* — 7
- Unit 1: My English class — 7
- Unit 2: Friends and colleagues — 15
- Unit 3: A matter of taste — 24
- Unit 4: What's in a day? — 34
- Unit 5: Life stories — 42
- Unit 6: Great times, great places — 49
- Unit 7: Family, friends and neighbours — 56
- Unit 8: At home and at work — 62
- Unit 9: Out on the town — 69
- Unit 10: On the go — 74
- Unit 11: What's on next week? — 80
- Unit 12: Body and soul — 86

Grammar *Grammatik* — 93
Phonetic table *Hinweise zur Aussprache* — 127
Grammar index *Alphabetisches Verzeichnis zur Grammatik* — 128

Phrasebank *Wortschatz in Themengruppen* — 130
- Classroom language *Englisch für den Unterricht* — 130
- Hello and goodbye *Guten Tag und auf Wiedersehen!* — 131
- Ordering or buying something *Etwas bestellen oder kaufen* — 133
- Making suggestions and responding
  Vorschläge machen und darauf reagieren — 134
- Telephone *Telefon* — 134
- Numbers *Zahlen* — 135
- My curriculum vitae *Mein Lebenslauf* — 138
- Family *Familie* — 140
- British and American English
  Britisches und amerikanisches Englisch — 141
- Countries, nationalities, languages
  Länder, Nationalitäten, Sprachen — 142

Your link to the Portfolio
Ihr Link zum Portfolio — 144

Welcome to your Companion
Das bietet Ihr Companion

Dieses Buch wird Sie auf Ihrem Lernweg mit dem Englischkurs **NEXT A1** begleiten. Es bietet Ihnen praktische Hilfen für das Lernen zu Hause und unterwegs. Nutzen Sie Ihren **Companion** im Zusammenspiel mit dem **Student's Book**, den **Audio-CDs** und der **CD-ROM** (Best. Nr. 032931–1).

Your vocabulary
Ihr Lernwortschatz

Der **Unit-Lernwortschatz** bietet Ihnen alle englischen Ausdrücke und Wörter in der Reihenfolge, wie sie in den Units 1 – 12 eingeführt und geübt werden. Hier einige Besonderheiten dieses Lernwortschatzes:
- Die neuen Wörter werden so weit wie möglich im Kontext dargestellt (d. h. in Satzausschnitten, Redewendungen, Ausdrücken usw.).
- In der rechten Spalte finden Sie die deutsche Entsprechung im jeweiligen Zusammenhang.
- Der Wortschatz ist in kleine „Lernportionen" von ca. 3 – 10 sprachlichen Einheiten aufgeteilt, die inhaltlich zusammengehören. Diese Portionen sind durch grüne Linien voneinander getrennt. Bearbeiten Sie täglich 1 bis 2 Lernportionen – nicht 10 Portionen am Tag des Englischkurses!
- Grüne „Achtung!"-Kästchen: Das Symbol ▲ verbindet sprachliche Beispiele mit den Infos im Kästchen.
- Viele praktische Tipps, die Ihre Wortschatzarbeit zum Lernspaß machen.

Zwei wichtige Hinweise:
- Den Lernwortschatz finden Sie auch auf der **CD-ROM**, als Text und als Tonaufnahme. Klicken Sie eine englische Textzeile am Bildschirm an – und Sie hören sie gesprochen. Sie lernen also nicht nur durch Lesen und Schreiben, sondern zusätzlich auch durch Hören und Nachsprechen.
- Vergessene Wörter schlagen Sie im alphabetischen Wortschatz im **Student's Book** nach. Von dort finden Sie schnell zum sprachlichen Kontext im **Student's Book**.

Grammar
Grammatik

- Hier erhalten Sie eine systematische Zusammenfassung der vielen kleinen Informationen aus dem **Student's Book** in einer klar gegliederten Grammatik-Übersicht, dazu aussagekräftige englische Beispiele sowie

nützliche Tipps und einfache Erklärungen auf Deutsch. Hier können Sie „sehen", wie englische Texte, Sätze und Satzteile „funktionieren" und wo die Unterschiede zum Deutschen liegen. Und wenn Sie etwas vergessen haben: Hier finden Sie es wieder.
- Am Ende des Grammatikteils gibt es ein alphabetisches Verzeichnis aller verwendeten Begriffe und Schlüsselwörter wie „a" oder „the". Mithilfe der Seitenangaben finden Sie sofort zum entsprechenden Thema.

Phrasebank
Wortschatz in Themengruppen
Dieser Wortschatz bündelt systematisch Ausdrücke für das „sprachliche Überleben", etwa für Begrüßung und Abschied. Außerdem stellt er große Wortgruppen wie Zahlen, Monatsnamen, Länder und Sprachen zusammen.

Your link to the Portfolio
Ihr Link zum Sprachenportfolio
Dieses letzte Kapitel ermöglicht Ihnen die praktische Nutzung eines europaweit verbreiteten und anerkannten Systems zur Planung, Kontrolle, Verbesserung und Dokumentation Ihres eigenen Lernwegs – in diesem Fall für das Englische, Ihre neue Sprache. Nach einer Beschreibung des Europäischen Sprachenportfolios folgen detaillierte Informationen zu den Units 1, 4, 8 und 10. Nutzen Sie die dabei gewonnene Klarheit über ihren bisherigen Lernweg und Ihren Lernstil für den weiteren Englischkurs mit **NEXT A1**. In den letzten 2 Wochen des Kurses sollten Sie die Abschnitte „Meine Selbstbeurteilung am Ende des Kurses" und „Mein Lernplan" bearbeiten.

Viel Lernspaß und großen Erfolg mit Ihrem **Companion** und dem **NEXT A1**-Englischkurs wünschen Ihnen

Autoren und Verlag

Your vocabulary
Ihr Lernwortschatz

Erklärung der verwendeten Zeichen und Abkürzungen

/	oder
▲	„Achtung!"
↔	Vergleichen Sie bitte.
=	Beide Wörter/Ausdrücke haben gleiche Bedeutung.
≠	Die Wörter/Ausdrücke haben unterschiedliche Bedeutungen.
A2	Abschnitt A, Schritt 2
etw.	etwas
hier:	Das Wort / der Ausdruck hat hier die folgende Bedeutung. (In einem anderen Zusammenhang kann die Bedeutung anders sein.)
jd/jdn/jdm	jemand/jemanden/jemandem
sth	something (etwas)
sb	somebody (jemand/jemanden/jemandem)
UK	britisches Englisch
US	amerikanisches English
sing.	Dieses Wort wird nur oder zumeist in der Singularform (Einzahl) verwendet.
pl.	(1) Dieses Wort wird nur oder zumeist in der Pluralform (Mehrzahl) verwendet. (2) Die unregelmäßige Pluralform ist: ...
adj	adjective (Adjektiv)
adv	adverb (Adverb)
conj	conjunction (Konjunktion)
n	noun (Nomen)
prep	preposition (Präposition)
vb	verb (Verb)
→ S. 51	Verweis auf S. 51

Vocabulary unit by unit
Unit-Lernwortschatz

Unit 1: My English class

my English class	mein Englischkurs
my	mein/e
what's your name?	wie heißt du?, wie ist Ihr Name?
your	dein/e, Ihr/e, euer/eure
where are you from?	woher sind/kommen Sie?, woher bist/kommst du?
you	du, Sie, ihr
where ... from	woher

A I know words in English

I know words in English	ich kenne Wörter auf Englisch
know	kennen

A1

teacher	Lehrer, Lehrerin
student ▲	Lernende/r, Kursteilnehmer/in

> ▲ **Berufsbezeichnungen Männer / Frauen**
> Englisch: praktisch immer nur eine Form für beide Geschlechter
> **teacher** – Lehrer oder Lehrerin
> **student** – Kursteilnehmer oder Kursteilnehmerin

paper	Papier
pencil	Bleistift
chair	Stuhl
table	Tisch
whiteboard	Weißwandtafel
board marker	Tafelschreiber
CD player	CD-Spieler
CD	CD
computer	Computer
mouse	(Computer-)Maus

A2
a	ein/e
book	Buch

A3
example	Beispiel
orange	Orange
hamburger	Hamburger
toast	Toast
supermarket	Supermarkt
tennis	Tennis
T-shirt	T-Shirt

> **Lerntipp**
>
> Es gibt viele Wörter im Englischen, die für Deutschsprachige relativ einfach zu lernen sind:
> 1. internationale Wörter wie "taxi" oder "hotel"
> 2. englische Wörter, die ins Deutsche importiert wurden, z. B. "computer" oder "toast"
> 3. englische Wörter, die deutschen Wörtern ähnlich sind: "name" (Vorsicht: andere Aussprache!) oder "mouse" (Vorsicht: andere Schreibweise!)
>
> → Merken Sie sich diese Ähnlichkeiten! Sie erleichtern das Lernen.

A4
food	Essen, Speisen

B The language school
the language school	die Sprachschule
the	der, die, das

B1
learn English	lerne Englisch
we teach English online	wir unterrichten Englisch online / über das Internet
online	über das Internet
all day, every day	den ganzen Tag, jeden Tag
day	Tag
Australia	Australien
Germany	Deutschland

Vocabulary unit by unit 1

Canada	Kanada
Ireland	Irland
Japan	Japan
South Africa	Südafrika
Brazil	Brasilien
email	E-Mail
phone	Telefon
contact	Kontakt
information	Information/en
English course	Englischkurs
English for managers	Englisch für Manager
intensive course ▲	Intensivkurs
welcome to English Plus	willkommen bei English Plus
kids and teenagers	Kinder und Teenager

▲ **Zusammen- oder Getrenntschreibung**
Im Englischen schreibt man Wörter seltener zusammen als im Deutschen:
English course – Englischkurs
intensive course – Intensivkurs

B2

hello, my name's Patrick	hallo, ich heiße Patrick
name	Name
hi, I'm Laura	hallo, ich bin Laura
I'm (I am)	ich bin
good evening	guten Abend
I'm from Italy	ich bin aus Italien
from	aus
this is my colleague, Amy	das ist meine Kollegin, Amy
(he, she, it) is	(er, sie, es) ist
colleague	Kollege, Kollegin
nice to meet you	freut mich, Sie kennen zu lernen
nice	nett, schön
thank you	danke

Lerntipp

Versuchen Sie, ganze Ausdrücke oder sogar Mini-Dialoge zu lernen. Manchmal ist es einfacher und wirksamer, Wörter so zu speichern, als sie isoliert zu lernen.

→ Legen Sie Lernkarteien mit Dialogen an, wie z.B. dem Dialog aus B2.

C I'm from Germany
Germany — Deutschland

C1
flag	Fahne
country, *pl.* countries	Land, Länder
Switzerland	die Schweiz
Austria	Österreich
Poland	Polen
Spain	Spanien
Scotland	Schottland

Lerntipp

Ein Tipp für Leute, die ein gutes Gedächtnis für Bilder und grafische Elemente haben:

→ Lernen Sie Ländernamen, indem Sie sich im Geist die Flagge des Landes vorstellen.

C2
Milan	Mailand
Cologne	Köln
Warsaw ▲	Warschau

C3
nationality	Nationalität
Italian	italienisch
German	deutsch
Spanish	spanisch
Polish	polnisch
English	englisch
Japanese ▲	japanisch
city	Stadt

▲ **Städtenamen**
Manche berühmten Städte haben im Englischen einen anderen Namen, wie hier "Cologne" oder "Milan". Im Deutschen gibt es ähnliche Beispiele (z.B. Mailand, Florenz).
→ Passen Sie auf solche Beispiele auf!

▲ **Klein- und Großschreibung**
Nationalitäten immer groß, anders als im Deutschen: a **G**erman city, an **E**nglish teacher

C4
well	also, nun
Swiss	schweizerisch, Schweizer/in

C5
are you English?	bist du / sind Sie Engländer/in?
yes, I am	ja (, bin ich)

Vocabulary unit by unit 1

yes	ja
no, I'm not ▲	nein (,bin ich nicht)
no	nein

> ▲ **Kurzantworten**
> Kurzantworten wie "Yes, I am" bzw. "No, I'm not" werden im Englischen oft gebraucht. Sie verstärken das „Ja" oder „Nein".

D See you next week

see you next week!	bis nächste Woche!

D1

about us	über uns
language	Sprache
small class groups	kleine Unterrichtsgruppen
our language school	unsere Sprachschule
our	unser/e
in the centre of Dublin	mitten in Dublin
we have 10 classrooms	wir haben 10 Unterrichtsräume
we	wir
coffee room	Kaffeeküche
library	Bibliothek, Bücherei
8 to 10 students	8 bis 10 Kursteilnehmer/innen
all with overhead projectors	alle mit Tageslichtprojektoren
TV (television)	Fernseher
video player	Videogerät
DVD player	DVD-Spieler
we also have a computer room	wir haben auch einen Computerraum
also	auch
WiFi	WLAN, drahtloser Internetzugang
come to Dublin	komm / kommen Sie nach Dublin
a beautiful city	eine schöne Stadt
a city of music, sports and culture	eine Musik-, Sport- und Kulturstadt

D2

from	von
to	an
date	Datum
subject	Betreff
here's an email in English	hier ist eine E-Mail auf Englisch

| an ▲ | ein/e |

> ▲ „a" und „an"
> **a** vor Konsonant: a teacher, a German teacher
> **an** vor Vokal: an email, an English teacher

February	Februar
we're 8 students in the class	wir sind 8 Kursteilnehmer/innen im Kurs
we're (we are)	wir sind
from different countries	aus verschiedenen Ländern
really international	wirklich international
really	wirklich
very popular	sehr beliebt
we're all friends now	wir sind jetzt alle Freunde/befreundet
we really like the school	uns gefällt die Schule wirklich gut
bye-bye	tschüss

D4

have a nice evening!	einen schönen Abend!
thanks	danke
see you later!	bis später!

D5

say goodbye	sich verabschieden
goodbye	auf Wiedersehen

E Names

E1

France	Frankreich
Russia	Russland

E2

girl	Mädchen
boy	Junge

E3

Mr	Herr
computer programmer	Computerprogrammierer
computer system	Computersystem
telephone	Telefon

other unusual names	andere ungewöhnliche Namen
the US	die Vereinigten Staaten
some children	manche Kinder
child, pl. children ▲	Kind, Kinder

> ▲ **Unregelmäßige Mehrzahlformen**
> Es gibt nur wenige in der englischen Sprache.
> Ein Beispiel:
> one child   two children

names like Peanuts, ...	Namen wie Peanuts, ...
psychologists say that ...	Psychologen sagen, dass ...
these names can be a problem	diese Namen können ein Problem sein
more popular	beliebter
a real problem	ein echtes Problem
when	wenn
everybody laughs at me	alle lachen mich aus

F Classroom language

classroom language ▲	Sprache für den Unterricht

> ▲ **Classroom language**
> Auf der Rückseite Ihres Namensschilds und in der Phrasebank (S. 130) finden Sie viele nützliche Ausdrücke, die Sie im Unterricht hören oder verwenden können.

F1

read	lesen
write	schreiben
listen (to)	anhören, zuhören
look at	(sich) ansehen
tick	markieren, abhaken
say	sagen
number	nummerieren

F2

read the dialogue	lesen Sie den Dialog
write the words	schreiben Sie die Wörter
listen to Patrick	hören Sie Patrick zu
look at the pictures	schauen Sie sich die Bilder an
tick the right answer	machen Sie ein Häkchen bei der richtigen Antwort
number the expressions	nummerieren Sie die Ausdrücke

F3

lesson	Unterricht, (Unterrichts-)Stunde
board	Tafel
instruction	Anweisung

H Homestudy

homestudy	Übungsaufgaben für zu Hause

H2

see	sehen
hear	hören
feel	fühlen
score	Ergebnis
most ticks in "I see"	die meisten Häkchen bei "I see"
you learn better if ...	Sie lernen / du lernst besser, wenn ...

H3

spaghetti	Spaghetti
pizza	Pizza
bar	Bar
restaurant	Restaurant
casino	Kasino
taxi	Taxi
bus	Bus
car	Auto
book	Buch
pen	Stift

H4

find the odd word out	finden Sie das Wort, das nicht dazu passt
whisky	Whisky
beer	Bier
cocktail	Cocktail
grapefruit	Grapefruit, Pampelmuse
banana	Banane
yoghurt	Joghurt
camera	Kamera
radio	Radio

Vocabulary unit by unit **2**

jeans *pl.*	Jeans
sweatshirt	Sweatshirt, Pulli
shampoo	Shampoo, Haarwaschmittel

H5
ad	Anzeige, Inserat
where can you learn English for your job?	wo können Sie Englisch für Ihre Arbeit lernen?
sport	Sportart
English plus surfing	Englisch plus Surfen
book the course	den Kurs buchen
only $150 per week	nur $150 pro Woche
have a holiday	Urlaub machen
on the beautiful island	auf der schönen Insel
business English course	Kurs in Geschäftsenglisch
learning English is fun	Englisch lernen macht Spaß
minimum age	Mindestalter

H9
according to the stress	entsprechend der Betonung

H11
see you soon	bis bald

H12
good night	gute Nacht

Unit 2: Friends and colleagues

friends and colleagues	Freunde und Kollegen
how are you?	wie geht's?
what's your phone number?	wie ist deine/Ihre Telefonnummer?
can you speak Spanish?	kannst du / können Sie Spanisch sprechen?

A Friends

A1
fact file	Info-Kästchen
capital city	Hauptstadt
Gaelic	Gälisch

Scots dialect — schottischer Dialekt
population — Bevölkerungszahl
6 million — 6 Millionen

A2

Deirdre is Scottish ▲ — Deirdre ist Schottin
Scottish — schottisch, Schotte/-in
she can speak a lot of languages — sie kann viele Sprachen sprechen
French — Französisch
German — Deutsch
Italian — Italienisch

> ▲ **Nationalität**
> I am German.
> *Ich bin Deutsche.*
> Deirdre is Scottish.
> *Deirdre ist Schottin.*
> Bill and Melinda are American.
> *... sind Amerikaner.*

she isn't married — sie ist nicht verheiratet
isn't — ist nicht
she lives with her partner — sie wohnt mit ihrem Partner zusammen
her two cats — ihre beiden Katzen

house — (Wohn-)Haus
20 kilometres from Hamburg — 20 Kilometer von Hamburg entfernt
a group of islands in the North Sea — eine Inselgruppe in der Nordsee
she works at "The Whisky Shop" — sie arbeitet bei "The Whisky Shop"

but she also is a soprano singer — aber sie ist auch Sopransängerin
she plays the harp — sie spielt Harfe
she travels all around Europe — sie reist durch ganz Europa
she sings at concerts — sie singt bei Konzerten
wedding — Hochzeit
festival — Festival
she's a great singer ▲ — sie ist eine tolle Sängerin

> ▲ „great"
> Das Wort „**great**" verwenden Sie, um Begeisterung zu zeigen:
> a **great** singer
> a **great** teacher
> The school is **great**.

Deirdre likes German beer — Deirdre mag deutsches Bier

Vocabulary unit by unit 2

her favourite drink is Scotch	ihr Lieblingsgetränk ist Scotch
whisky-tasting event	Whiskyprobe

his wife is German	seine Frau ist Deutsche
he lives in Hamburg	er wohnt in Hamburg
he has two children	er hat zwei Kinder
has	(er, sie, es) hat
child, pl. children	Kind, Kinder

he's the manager of "The Whisky Shop"	er ist Geschäftsführer von "The Whisky Shop"
manager	Geschäftsführer/in
the shop isn't big	der Laden ist nicht groß
it's very nice	er ist sehr schön
you can buy all kinds of Scottish products there	man kann dort alle Arten von schottischen Waren kaufen
you	hier: man

Andy is an expert on whisky	Andy ist Experte für Whisky
especially golf	besonders Golf
play the guitar	Gitarre spielen
bagpipes *pl.*	Dudelsack
together with Deirdre	zusammen mit Deidre
he teaches whisky-tasting courses	er leitet Kurse über Whisky
he's a great storyteller	er kann sehr gut Geschichten erzählen
's (is)	ist
isn't	ist nicht
concert hall	Konzerthalle
what's "favourite" in German?	was heißt "favourite" auf Deutsch?

B Phone numbers and names

B1

zero	null
one	eins
two	zwei
three	drei
four	vier

five	fünf
six	sechs
seven	sieben
eight	acht
nine	neun
ten	zehn

Lerntipp

Lernen Sie die Zahlen so, wie Kinder sie in ihrer Muttersprache lernen:
- laut zählen: one, two, three …
- rückwärts zählen: ten, nine, eight …
- die geraden Zahlen: two, four, six … usw.

B2

cinema *UK*	Kino
get me on my mobile	erreichen mich auf meinem Mobiltelefon
mobile number	Mobil-, Handynummer
what's your name again, please?	wie heißt du / wie heißen Sie nochmal, bitte?, wie ist nochmal dein/Ihr Name, bitte?
and your surname?	und dein/Ihr Nachname?
first name	Vorname
telephone	Telefon
mobile *UK* ▲	Handy, Mobiltelefon

▲ **Mobiltelefon**
mobile (phone) (UK)   cell (phone) (US)
Das Wort „Handy" für ein Telefon versteht man nicht, auch wenn es englisch aussieht!

what's your (tele)phone number?	wie ist deine/Ihre Telefonnummer?

B3

eleven	elf
twelve	zwölf
thirteen	dreizehn
fourteen	vierzehn
fifteen	fünfzehn
sixteen	sechzehn
seventeen	siebzehn
eighteen	achtzehn
nineteen	neunzehn
twenty	zwanzig

Vocabulary unit by unit 2

> **Lerntipp**
>
> Ein weiterer Tipp für das Lernen der Zahlen: Wenn Ihre Kursleiterin oder Ihr Kursleiter eine Seitenzahl auf Englisch sagt, wiederholen Sie sie. Und wenn Sie Ihr Buch aufschlagen, sagen Sie wieder laut die Seitenzahl, die unten steht.

B4

the letters of the alphabet	die Buchstaben des Alphabets

> **Lerntipp**
>
> Die Buchstaben im Englischen sind nicht sehr schwierig zu lernen, aber es gibt einige Tücken. Die Schwierigkeiten liegen bei den Vokalen (A, E, I, O, U) und einigen Buchstaben wie G, H, J, V, W und Y. Um die Buchstaben einzeln zu üben, buchstabieren Sie immer wieder Ihren Namen, Ihre Adresse, die Namen Ihrer Familienmitglieder, Ihrer Freunde, Ihrer Kollegen und so weiter. Suchen Sie Namen, die die schwierigen Buchstaben enthalten, am besten von Personen, die Ihnen wichtig sind. So können Sie diese Personen mit den Buchstaben in Verbindung bringen.
>
> → Ein weiterer Tipp: Viele Firmennamen bestehen aus einzelnen Buchstaben. Auch diese Namen kann man sich merken. Wie spricht man die folgenden Firmen, Organisationen und Länder auf Englisch aus: EU, USA, VW, BMW, IBM, ABB, RWE, UK, JFK, GB? Suchen Sie weitere Beispiele!

B5

Bridget, is that with one t or two?	Bridget, schreibt man das mit einem oder zwei t?
double t	zweimal t

B6

customer card	Kundenkarte
customer	Kunde, Kundin
address	Adresse
email address	E-Mail-Adresse

can you write it for me, please?	kannst du / können Sie es mir bitte aufschreiben?
sorry, can you repeat that, please?	Entschuldigung, kannst du / können Sie das bitte wiederholen?
can you spell that for me, please? ▲	kannst du / können Sie das bitte für mich buchstabieren?

> ▲ **Classroom language**
> Diese Fragen finden Sie auch auf Ihrem Namensschild (Rückseite) oder in der Phrasebank, S.130.

is that right?	stimmt das so?, ist das richtig?
2, double oh, double 9	zwei null null neun neun (20099)
oh	null (in Telefonnummern, Postleitzahlen etc.)

C Colleagues

C1

new	neu
not bad, thanks	nicht schlecht, danke
and you?	und dir?
fine, thanks	danke, gut
how's Paul?	wie geht's Paul?
he's ok	ihm geht's ganz gut
busy	beschäftigt
very well	sehr gut

C2

I can speak a little English	ich spreche ein bisschen Englisch
can Valérie speak German?	kann Valérie Deutsch (sprechen)?
yes, she can	ja
no, she can't ▲	nein

> ▲ **Kurzantworten**
> Weitere Beispiele von Kurzantworten im Englischen, die das „Ja" bzw. das „Nein" verstärken:
> Can you speak English?
> Yes, I can. / No, I can't.

C3

play golf	Golf spielen
ski	Ski fahren
cook	kochen
drive	(Auto) fahren
yes, a little	ja, ein bisschen

D The whisky shop

D1

buy	kaufen
Deirdre and Andy are both from Scotland	Deirdre und Andy sind beide aus Schottland
they both love Scotland	sie mögen beide Schottland sehr gern
our dream was to open a Scottish shop	es war unser Traum, einen schottischen Laden zu eröffnen
(he, she, it) was	(er, sie, es) war
book	Buch
happy	glücklich
join us for a whisky-tasting course	kommen Sie zu uns zu einem Kurs über Whisky
work very hard	sehr hart arbeiten
their job	ihre Arbeit
because they can meet many people	weil sie viele Leute kennenlernen können
meet	jdn kennenlernen
in the market square	auf dem Marktplatz

D3

a famous pair	ein berühmtes Paar

E Who wants to be a millionaire?

Who wants to be a millionaire?	"Wer wird Millionär?"
quiz show	Quizsendung

E1

American	amerikanisch

E2

Argentina	Argentinien
TV star	Fernsehstar
car	Auto
Australian	australisch, Australier-/in
wine	Wein

E3

Korean	koreanisch
Chinese	chinesisch
Austrian	österreichisch, Österreicher/in
French	französisch, Franzose/Französin
Sweden	Schweden
Finland	Finnland
Alaska	Alaska
Norway	Norwegen
Australian	australisch, Australier/in

footballer	Fußballer, Fußballerin
a character in a TV series	eine Figur in einer Fernsehserie
wild west	der Wilde Westen
quiz	Quiz, Ratespiel
game	Spiel
crossword puzzle	Kreuzworträtsel
kung fu	Kung Fu (chinesische Kampfsportart)

www means ... ▲	www bedeutet ...

▲ www
Vergessen Sie nicht, wie man das w ("*double you*") in „www" auf Englisch ausspricht!

world wide web	World Wide Web (Internet)
what, where and when	was, wo und wann

F Numbers and Feng Shui

number	Zahl
Feng Shui	Feng Shui

F2

my number biography	meine Zahlenbiographie
house number	Hausnummer
car number	Autonummer
lucky number	Glückszahl

F3

Feng Shui has the answer	Feng Shui hat die Antwort
China	China
many Chinese get married in August	viele Chinesen heiraten im August

for example	zum Beispiel
on the other hand	andererseits
unlucky number	Unglückszahl

hotel	Hotel
you can find room 12 and room 14	man kann Zimmer 12 und Zimmer 14 finden
seat number	Platznummer (im Flugzeug)
don't worry	mach dir / machen Sie sich keine Sorgen
circle the door number	einen Kreis um die Hausnummer machen
change it to a lucky number	sie in eine Glückszahl verwandeln

H Homestudy

H1

town	Stadt
office worker	Büroangestellte/r
student	Student/in

H2

my best friend	mein bester Freund, meine beste Freundin
husband	(Ehe-)Mann
bookshop	Buchhandlung
favourite singer	Lieblingssänger/in
sport	Sport
volleyball	Volleyball

H3

secretary	Sekretär/in
taxi driver	Taxifahrer/in
reporter	Reporter/in
waiter	Kellner/in
daughter	Tochter

restaurant	Restaurant
work in an office	in einem Büro arbeiten
newspaper	Zeitung
coursebook	Lehrbuch
send emails from an Internet café	E-Mails aus einem Internetcafé versenden

H5
I love you	ich liebe dich
see you!	bis dann!

H7
student card	Studentenausweis
postcode	Postleitzahl

H8
certainly	natürlich, selbstverständlich

H11
play the piano	Klavier spielen
play basketball	Basketball spielen

Unit 3: A matter of taste

a matter of taste	eine Frage des Geschmacks
what's your favourite food?	was ist dein/Ihr Lieblingsessen?
what do you usually have for breakfast?	was isst du / essen Sie gewöhnlich zum Frühstück?

A The café and sandwich bar

the café and sandwich bar	Café, in dem es auch Kleinigkeiten, v.a. Sandwiches, zu essen gibt

A1

starter	Vorspeise
grapefruit	Grapefruit, Pampelmuse
melon	Melone
carrot and orange soup	Karotten-Orangen-Suppe
vegetable soup	Gemüsesuppe
onion soup	Zwiebelsuppe

main course	Hauptgericht
fish and chips	Fisch und Pommes frites
chips *pl. UK*	Pommes frites
French fries *pl. US* ▲	Pommes frites

▲ Britisch ↔ Amerikanisch
Mehr zu den Unterschieden zwischen britischem und amerikanischem Englisch finden Sie in der Phrasebank in diesem Companion, S. 141.

Vocabulary unit by unit 3

burger	Hamburger
potato	Kartoffel
cabbage	Kraut
dessert	Dessert, Nachtisch
fruit salad	Obstsalat
apple pie and cream	Apfelkuchen mit Sahne
ice cream	(Speise-)Eis
rice pudding	Milchreis
sandwich	Sandwich, belegtes Brot/Brötchen
ham	Schinken
chicken	Hühnchen
tomato	Tomate
tuna mayonnaise	Thunfisch mit Mayonnaise
egg mayonnaise	Eier mit Mayonnaise
salad	Salat
tuna	Thunfisch
drink	Getränk
juice	Saft
mineral water	Mineralwasser
still	still (ohne Kohlensäure)
sparkling	mit Kohlensäure
lemon tea	Tee mit Zitrone
coke	Cola
coffee	Kaffee

Lerntipp

Thematische Gruppen von Wörtern, wie z.B. für Lebensmittel, kann man in Form von „Wort-Igeln" speichern:

grapefruit   melon
         (starters) — onion soup
   carrot and orange soup

Später in dieser Unit können Sie andere Kategorien wie Obst oder Gemüse verwenden und weitere Wort-Igel zeichnen.

→ Schreiben Sie die Wörter und verknüpfen Sie sie mit Adjektiven, z. B. Farben. Durch das Bild, das dadurch entsteht, können Sie sich die Wörter besser merken. Die Wort-Igel können Sie auf Lernkarteikarten oder auf Mini-Poster schreiben, die Sie bei sich aufhängen.

A2

vegetables	Gemüse
mushroom	Pilz, Champignon
red pepper	roter Paprika
broccoli	Brokkoli
cauliflower	Blumenkohl
fruit	Obst
lemon	Zitrone
grape	(Wein)Traube
banana	Banane
strawberry	Erdbeere
cappuccino	Cappuccino
wine	Wein
smoothie	Fruchtgetränk

A3

my favourite drink is apple juice	mein Lieblingsgetränk ist Apfelsaft

A4

waiter	Kellner/in
customer	Kunde, Kundin
good afternoon	guten Tag
are you ready to order?	möchten Sie bestellen?
I'd (I would) like a hamburger	ich hätte gern einen Hamburger
would you like ketchup or mayonnaise?	möchten Sie Ketchup oder Mayonnaise?
what would you like to drink?	was möchten Sie trinken?
what would you like?	was möchten Sie?
just a little ice, please	nur ein bisschen Eis, bitte
a little ▲	ein wenig/bisschen

▲ **Ein bisschen**
(just) a little: just a little (ice), please
(just) a bit (of): just a bit (of ice), please

can I have an ice cream, please? ▲	kann ich bitte ein Eis haben?

> ▲ **Höflich?**
> Floskeln wie "please" und "thank you" sind im Englischen sehr üblich; es wird als unhöflich empfunden, wenn man sie weglässt.

chocolate	Schokolade
vanilla	Vanille
right	alles klar, in Ordnung
a bit (of)	ein bisschen
or	oder
sure	klar, sicher

B The pizza and wine party
the pizza and wine party   die Pizza- und Weinparty

B1
birthday	Geburtstag
meat	Fleisch
egg	Ei
Italian food	italienisches Essen
red wine	Rotwein
white wine	Weißwein
vegetarian	Vegetarier/in

B2
do you like fish?	magst du / mögen Sie Fisch?
yes, I do	ja
no, I don't	nein

B3
takeaway service	Essen zum Mitnehmen
tel	Tel. (Telefonnummer)
opening hours	Öffnungszeiten
24 hours	24 Stunden
order	Bestellung
order form	Bestellformular
mozzarella	Mozzarella (Käse)
zucchini *US*	Zucchini
olive	Olive

B4
menu	Menü

B5
Monday	Montag
Tuesday	Dienstag
Wednesday	Mittwoch
Thursday	Donnerstag
Friday	Freitag
Saturday	Samstag
Sunday	Sonntag
Steve's birthday is on Friday	Steves Geburtstag ist am Freitag
what day is it today?	was für ein Tag ist heute?
tomorrow	morgen
day of the week	Wochentag

Lerntipp

Wie bei den Zahlen oder dem Alphabet können Sie die Wochentage als Wortgruppe lernen. Suchen Sie Eselsbrücken: Vielleicht finden Sie Aktivitäten oder Personen, die Sie mit dem englischen Wort in Verbindung bringen können.

→ Achtung: TuEsday   DiEnstag
                 ThuRsday DonneRstag

C Are you a vegetarian?
are you a vegetarian?	bist du / sind Sie Vegetarier/in?

C1
a chicken and broccoli type	ein "Hühnchen-mit-Broccoli-Typ"
brown rice	Vollkornreis
pasta	Pasta, Nudeln
fries *pl.*	Pommes frites
USA	USA
five percent	fünf Prozent (5%)

C2
twenty-one	einundzwanzig
thirty-nine	neununddreißig
forty-five	fünfundvierzig
fifty-two	zweiundfünfzig

sixty-seven	siebenundsechzig
seventy	siebzig
eighty	achtzig
ninety	neunzig
one hundred	einhundert
two hundred	zweihundert

C3

it's cool to be a vegetarian	es ist "cool", Vegetarier zu sein
director	Direktor
Vegetarian Society	Vegetarier-Gesellschaft
there are about 4 million vegetarians in the UK	es gibt etwa 4 Millionen Vegetarier im Vereinigten Königreich
population	Bevölkerung
most vegetarians	die meisten Vegetarier
female	weiblich
young	jung
between the ages of 16 and 34	zwischen 16 und 34 Jahren
young people	junge Leute
most university students think …	die meisten Studierenden finden …
however	jedoch
a "true" vegetarian never eats meat	ein echter Vegetarier isst niemals Fleisch
eat	essen
milk	Milch
honey	Honig
colour	Farbe
red	rot
white	weiß
yellow	gelb
orange	orange
green	grün
blue	blau

Lerntipp

Lernen Sie die Farben, indem Sie die englischen Bezeichnungen mit Bildern oder Gegenständen in Verbindung bringen (z.B. „a red Ferrari").

D Tea for breakfast?
tea for breakfast?   Tee zum Frühstück?

D1

always	immer
sometimes	manchmal
donut	ringförmiger Krapfen
muffin	Muffin, Gebäck, kleiner Kuchen
marmalade	Marmelade
fresh fruit	frisches Obst
bacon	Speck
pancake	Pfannkuchen
sausage	Würstchen
cornflakes	Cornflakes
milk	Milch
latte	(Kaffee) Latte

D2

I always have tea for breakfast	zum Frühstück trinke ich immer Tee
I never drink coffee	ich trinke nie Kaffee
I usually have muesli for breakfast	ich esse normalerweise Müesli zum Frühstück
I sometimes have toast ▲	manchmal esse ich Toast

▲ Beachten Sie die Reihenfolge im Englischen!
I **always** drink tea.   Ich **trinke immer** Tee.

D3

true	wahr
false	falsch
we drink wine with our meal	wir trinken Wein zum Essen
enjoy your meal	guten Appetit
before we eat	bevor wir essen

E Good restaurants

E1

a famous UK TV chef	ein bekannter englischer Fernsehkoch
TV show	Fernsehsendung
cookbook	Kochbuch

Vocabulary unit by unit 3

best-seller	Bestseller, Verkaufsschlager
programme	Sendung
top chef	Spitzenkoch/-köchin

from difficult backgrounds	aus schwierigen Verhältnissen
become	werden
training programme	Ausbildungsprogramm
intensive	intensiv
the classes last for 18 months	die Kurse dauern 18 Monate
the focus is on learning-by-doing	der Schwerpunkt liegt auf praktischem Lernen durch Ausprobieren

kitchen	Küche
every year	jedes Jahr
kid	Jugendliche/r
non-smoking restaurant	Nichtraucherrestaurant
a lifelong project	ein lebenslanges Projekt
trainee	Auszubildende/r
to help them	um ihnen zu helfen
some of the best restaurants	einige der besten Restaurants
best	(der/die/das) beste

E2

show	Sendung
chef	(Meister-)Koch, (Meister-)Köchin
cook	Koch, Köchin

E4

recipe	Rezept
sugar	Zucker
mint	Minze

E5

what do you like to cook?	was kochen Sie / kochst du gern?
TV cooking programme	Fernsehkochsendung

E6

price	Preis
champagne	Champagner

one of the most expensive restaurants	eins der teuersten Restaurants
gourmet food	Essen für Feinschmecker

place	Ort
cheap	preiswert
evening meal	Abendessen
atmosphere	Atmosphäre
excellent	hervorragend
vegetarian	vegetarisch
diner	Diner, amerikanisches Schnellrestaurant
veggie burger	vegetarischer Hamburger
fantastic	fantastisch
high quality	hohe Qualität

happy hour	Zeitraum, in dem es Getränke zu gesenkten Preisen gibt
background music	Hintergrundmusik
family dinner	Abendessen mit der Familie
dinner	Abendessen
a quick snack	ein schneller Imbiss
romantic	romantisch

H Homestudy

H2

hot chocolate	heiße Schokolade
brown bread	dunkles Brot
butter	Butter

H3

black	schwarz
white	mit Milch
bread roll	Brötchen
strawberry jam	Erdbeermarmelade
plum	Pflaume
orange marmalade	Orangenmarmelade

H5

go to the office	ins Büro gehen
phone mum	Mama anrufen
email my friends	E-Mails an meine Freunde schreiben

H8

cup	Tasse
hate	hassen, nicht ausstehen können
yoghurt	Joghurt
read the newspaper	Zeitung lesen
go to work	zur Arbeit gehen

H9

China	China
Greece	Griechenland
India	Indien
Russia	Russland
Morocco	Marokko
France	Frankreich

Consolidation 1

C1

find someone who ...	finde jemanden, der/die ...
English-speaking colleagues	englischsprachige Kollegen/Kolleginnen

C2

Internet café	Internetcafé
bookshop	Buchhandlung
cafeteria	Cafeteria
website for language courses in Malta	Internetseite für Sprachkurse in Malta
qualified	ausgebildet
a maximum of eight students	maximal 8 Kursteilnehmer/innen
live in a hotel	in einem Hotel wohnen
live with a family	bei einer Familie wohnen
other rooms	andere Räume
an excellent place to learn English	ein hervorragender Ort, um Englisch zu lernen
a programme of sports and culture	ein Sport- und Kulturprogramm
programme	Programm
a mild climate in winter	mildes Klima im Winter

clear blue seas in summer	klares blaues Meer im Sommer
under the sun	unter der Sonne
contact	sich wenden an, Kontakt aufnehmen mit
afternoon programme	Nachmittagsprogramm
in the afternoon	am Nachmittag, nachmittags

Unit 4: What's in a day?

what's in a day?	was ist ein Tag?
what's your favourite time of day?	was ist deine / Ihre Lieblingstageszeit?
what do you do every Monday?	was machst du montags?
every Monday	jeden Montag

A What time is it?

what time is it?	wie spät ist es?
time	Zeit

A1

adventure park	Abenteuerpark
Sea World	"Meereswelt"
show	Vorstellung
showtime	Vorstellungsbeginn
location	(Veranstaltungs-)Ort
stadium	Stadion
dolphin show	Delfinshow
The Sensational New Killer Whale Show	"Die sensationelle neue Schwertwal-Show"
fireworks	Feuerwerk
nine thirty	neun Uhr dreißig
tour	Rundgang

A2

June	Juni
start at Freshwater Aquarium	Beginn am Süßwasser-Aquarium
Penguin Lunch	"Pinguin-Mittagessen"
"All you can eat"	"Soviel Sie essen können"

Vocabulary unit by unit **4**

killer whale trainer	Schwertwal-Trainer

it's ten forty-five / a quarter to eleven	es ist zehn Uhr fünfundvierzig / Viertel vor elf
nine fifteen / a quarter past nine	neun Uhr fünfzehn / Viertel nach neun
a.m.	zwischen 0 und 12 Uhr
p.m.	zwischen 12 und 24 Uhr

A4

I'm not sure	ich bin mir nicht sicher
maybe ...	vielleicht ...

A5

clock	Uhr

A6

what's your favourite time of day?	was ist deine / Ihre Lieblingstageszeit?
(a) quarter past twelve	Viertel nach zwölf
(a) quarter after twelve	viertel nach zwölf
half past twelve	halb eins
(a) quarter to twelve	Viertel vor zwölf
(a) quarter of twelve	Viertel vor zwölf
twelve o'clock	zwölf Uhr

Lerntipp

Zwei Tipps, um englische Zeitangaben zu lernen:

→ Visualisieren

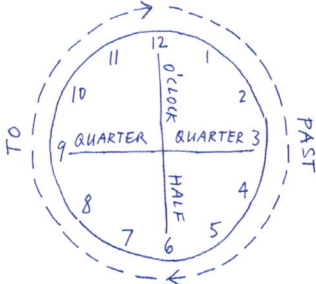

→ Personalisieren
Verbinden Sie Uhrzeiten mit Ihrem normalen Tagesablauf. Schreiben Sie Ihren Tagesablauf mit den entsprechenden Zeitangaben auf. Versuchen Sie, diese Sätze auswendig zu lernen.

B A typical day
a typical day ein typischer Tag

B1
assistant manager	stellvertretende/r Leiter/in
get up	aufstehen
at 7:30 in the morning	um 7:30 Uhr morgens
read the newspaper	Zeitung lesen
go to work	zur Arbeit gehen
have lunch	(zu) Mittag essen
organize birthday parties	Geburtstagsfeiern vorbereiten
train dolphins	Delphine trainieren
in the afternoon	am Nachmittag, nachmittags
adventure camp	Abenteuerlager
finish work	die Arbeit beenden, Feierabend machen
go home	nach Hause gehen
around 7 in the evening	etwa um 7 Uhr abends
around	um ... herum, ungefähr um
watch TV	fernsehen
go to bed ▲	ins Bett gehen, schlafen gehen

> ▲ Ohne Artikel „the"
> go to work zur Arbeit gehen
> go home   nach Hause gehen
> go to bed   ins Bett gehen

around 11:30 at night ▲   etwa um 11.30 Uhr nachts

> ▲ at night
> in the morning / the afternoon / the evening

B2
start work	anfangen zu arbeiten
normally	normalerweise

B4
when do you get up?	wann stehst du / stehen Sie auf?
when	wann
what do you do in the evening?	was machst du abends?

C A summer job

summer job	Sommerferienjob

C1

does Steve work in an office?	arbeitet er in einem Büro?
yes, he does	ja
no, he doesn't	nein
live on a boat	auf einem Schiff wohnen

C2

life on the lake	Leben auf dem See
7.6 miles long	7,6 Meilen lang
2.1 miles wide	2,1 Meilen breit
summer is back	der Sommer ist zurück
and so is Steve	und Steve auch, und genauso Steve
he doesn't come here on vacation	er kommt nicht für einen Urlaub hierher
vacation *US*	Urlaub, Ferien
work for the U.S. Postal Service	für die US-amerikanische Post arbeiten
captain of a mailboat	Kapitän eines Postschiffs
he brings letters to 60 houses	er bringt Briefe zu 60 Häusern
he says he loves his job	er sagt, dass er seine Arbeit liebt
the only mailboat captain	der einzige Postschiff-Kapitän
only	(der, die, das) einzige
you can still find around 80 mailboats	man kann noch etwa 80 Postschiffe finden
he takes mail and passengers on board	er nimmt Post und Fahrgäste an Bord
mail *US*	Post
his mailboat tour leaves at 10 a.m.	seine Fahrt mit dem Postschiff geht um 10 Uhr vormittags los
leave	abfahren
Monday through Saturday *US*	Montag bis Samstag
through *US*	bis
on the beach	am Strand
go swimming	schwimmen gehen

river	Fluss
it doesn't run in winter	im Winter fährt es nicht
stay	bleiben
when it gets cold	wenn es kalt wird
in September, he moves to Florida ▲	im September zieht er nach Florida um

▲ Ohne Artikel "the"
in September   im September

C3

holiday *UK*	Ferien, Urlaub
post *UK*	Post

C4

where does he work?	wo arbeitet er?

C5

she starts work at 8:30	sie fängt um 8:30 an zu arbeiten

D Happy days

D1

October	Oktober
December	Dezember

Lerntipp

Zwei Tipps, wie Sie die Monatsnamen lernen können:

→ Schreiben Sie einen Satz für jeden Monat (auf Englisch oder auf Deutsch), der eine Eselsbrücke zum Namen und dessen Lautbild bildet, z.B. „Das Verhalten der H**a**sen ‚in M**a**rch' ist h**a**arsträubend." Je absurder, desto besser!

→ Singen Sie die Namen oder wiederholen Sie sie rhythmisch gesprochen.

D2

January	Januar
February	Februar
March	März
April	April
May	Mai

June	Juni
July	Juli
August	August
September	September
October	Oktober
November	November
December	Dezember

D4

Christmas Day	(erster) Weihnachtsfeiertag
New Year's Day	Neujahr(stag)
Valentine's Day	Valentinstag
Independence Day	amerikanischer Unabhängigkeitstag
Halloween	Halloween
St Patrick's Day	irischer Nationalfeiertag am 17. März
St Patrick's Day is in March	St Patrick's Day ist im März
on March 17th	am 17. März

first (1st)	(der, die das) erste
second (2nd)	(der, die das) zweite
third (3rd)	(der, die das) dritte
fourth (4th)	(der, die das) vierte
thirteenth (13th)	(der, die, das) dreizehnte
twenty-first (21st) ▲	(der, die, das) einundzwanzigste

> ▲ **Abkürzungen**
> Man nimmt die letzten beiden Buchstaben:
> first   1st
> second   2nd etc.
> „1st", „2nd" und „3rd" sind die Ausnahmen. Bei allen anderen Zahlen hängt man „-th" am Schluss an.

D6

when's your birthday?	wann hast du / haben Sie Geburtstag?

Lerntipp

→ Lernen Sie die Geburtstage Ihrer Familie und Freunde auf Englisch!

E Digital natives
digital natives	*wörtlich:* digitale Eingeborene

E1
talk on the cell phone	mit dem Mobiltelefon telefonieren
work on the computer	am Computer arbeiten
write emails	E-Mails schreiben
buy things online	Sachen online / im Internet einkaufen

E2
go online	ins Internet gehen
digital natives live online	Digital Natives leben im Internet
use the Internet	das internet benutzen
at home, at school	zu Hause, in der Schule
  and at work	 und in der Arbeit
smartphone	Smartphone
texts and instant	SMS und Chat-Nachrichten
  messages
share information online	Informationen im Internet teilen
they use online maps	sie verwenden Karten im Internet,
  to find places	 um sich zurecht zu finden
they can't live without	sie können nicht ohne das Internet
  the Internet	 leben
communicate	kommunizieren
share music with their	Musik mit Freunden teilen
  friends
playlists	Playlists, Wiedergabelisten
social networks	soziale Netzwerke

F Jeopardy!
Jeopardy	Fernseh-Quizshow, *wörtlich:* Gefahr

F1
news show	Nachrichtensendung
quiz show	Quizsendung
cooking program *US*	Kochsendung
a very famous TV	eine sehr bekannte Fernsehsendung
  program *US*

4 Vocabulary unit by unit

questions on everything from history to pop culture	Fragen zu allem / über alles von Geschichte bis Popkultur
from ... to ...	von ... bis ...
literature	Literatur
the answers to questions ▲	die Antworten auf Fragen

> ▲ Can you **answer the question?**
> What is the **answer to the question?**

they actually get the answers	vielmehr bekommen sie die Antworten
they must find the correct questions	sie müssen die richtigen Fragen finden
ask a question	eine Frage stellen

F2
the New Year	das neue Jahr
the American President	der Präsident der USA
the White House	das Weiße Haus
in water	im Wasser

H Homestudy

H4
have breakfast	frühstücken
have dinner	zu Abend essen

H6
I have a cup of coffee	ich trinke eine Tasse Kaffee
much	viel
answer emails	E-Mails beantworten
have meetings	Besprechungen/Konferenzen haben
often	oft
before 12	vor 12 (Uhr)

H10
TV station	Fernsehsender

H11
film	Film
horror film	Horrorfilm

H16

holiday	Feiertag
festival	Fest
an official holiday	ein gesetzlicher Feiertag
celebrate	feiern
the festival falls between ...	das Festival fällt zwischen ...
it marks the start of the New Year	es kennzeichnet den Anfang des neuen Jahres
lunar calendar	Mondkalender

they wear new clothes	sie tragen neue Kleider
they throw out old things	sie werfen alte Sachen weg
get ready for ...	sich vorbereiten auf ...
money	Geld
good luck	Glück

Unit 5: Life stories

life stories *pl.*	Lebensgeschichten
what was the weather like on your birthday? ▲	wie war das Wetter an deinem Geburtstag?

▲ Zweimal "like"
1. I **like** ice-cream.   Ich mag Eis. / Ich esse gern Eis.
   I **like** dancing.   Ich tanze gern.
   What would you **like**?   Was hätten Sie gern?
2. What **is** the weather **like**?   Wie ist das Wetter?

where were you born?	wo bist du / sind Sie geboren?
where was your first school?	wo war deine/Ihre erste Schule?

Vocabulary unit by unit **5**

A What's the weather like?
what's the weather like? wie ist das Wetter?

A1
sunny	sonnig
windy	windig
cloudy	bewölkt, wolkig
rainy	regnerisch
snowy	schneereich
hot	heiß
warm	warm
cool	kühl
dry	trocken

Lerntipp

Beachten Sie die Regelmäßigkeit:
sun Sonne   sunny sonnig   cloud Wolke   cloudy bewölkt
rain Regen   rainy regnerisch   wind   Wind   windy windig

A2
it's never very snowy in January — im Januar schneit es nie sehr viel
it's always very rainy in August ▲ — im August regnet es immer sehr viel

▲ Vergleichen Sie die Satzstellung:
It **is never** snowy. (mit dem Verb "be"/sein)
I **never drink** tea. (mit allen anderen Verben)

A3
it was a beautiful day — es war ein schöner Tag
(he, she, it) was — (er, sie, es) war
the weather was terrible — das Wetter war schrecklich
quite nice — ziemlich schön
it was a good day yesterday — gestern war ein guter Tag
a bit cloudy — ein bisschen wolkig

the village was snowy — im Dorf lag Schnee
what was the weather like in Rome? — wie war das Wetter in Rom?
it was sunny and warm on your last birthday — es war sonnig und warm an deinem letzten Geburtstag
last — (der/die/das) letzte

B My life

B1

money	Geld
mother	Mutter
Irish	irisch, Ire, Irin
Mr and Mrs Woodbridge	Herr und Frau Woodbridge

hotel	Hotel
they were out	sie waren draußen
Marcello was born in Lugano	Marcello ist in Lugano geboren
his father was Swiss	sein Vater war Schweizer
she was called Signora Mauri ▲	sie hieß Signora Mauri

> ▲ **Zwei Möglichkeiten:**
> She was called Signora Mauri.
> Her name was Signora Mauri.

old	alt
when you were a child ...	als du ein Kind warst ..., als Sie ein Kind waren ...
when	als
nice	nett

B2

he was born in 1968	er ist 1968 geboren
in 1968	(im Jahre) 1968
he moved to Berne	er ist nach Bern umgezogen
he stayed in Berne for six years	er blieb sechs Jahre lang in Bern
from 1978 to 1984	von 1978 bis 1984
from ... to ... ▲	von ... bis ...

> ▲ **Achtung: Präpositionen!**
> | | |
> |---|---|
> | in 1968 | (im Jahre) 1968 |
> | for 6 years | 6 Jahre (lang) (oft keine Präposition im Deutschen) |
> | from 1978 to 1984 | von ... bis ... |

finish school	die Schule verlassen/abschließen
start work	anfangen zu arbeiten

C School and work

C1

secondary school	weiterführende Schule
training college	Berufsfachschule
primary school	Grundschule

Lerntipp

Lernen Sie die Namen dieser Schultypen, indem Sie Sätze über Ihren eigenen schulischen Werdegang bilden. Diese Personalisierung hilft Ihnen beim Lernen.

C2

CV (curriculum vitae)	Lebenslauf
personal information	persönliche Angaben
fax (fax number)	Fax (-Nummer)
date of birth	Geburtsdatum
place of birth	Geburtsort
work experience	Berufserfahrung
education	Schulbildung
training	Berufsausbildung
hotel training college	Hotelfachschule
interest	Interesse
hobby, pl. hobbies	Hobby (Hobbys)
cooking	Kochen
skiing	Skifahren
travelling ▲	Reisen

▲ **Hobbies und Sport**
Die Namen vieler Aktivitäten wie Hobbys und Sportarten auf Englisch enden auf „–ing", z.B.:
cooking   skiing   travelling

C3

go to primary school / secondary school	die Grundschule / weiterführende Schule besuchen
do a language course	einen Sprachkurs machen
after that	danach
he did his training in a hotel	er hat seine Ausbildung in einem Hotel gemacht
in the same hotel	im gleichen Hotel

get married	heiraten
get a job	eine Arbeitsstelle bekommen
do a course	einen Kurs machen
do my homework	meine Hausaufgaben machen

C4
start school	in die Schule kommen
document	Dokument
qualification	Qualifikation

D An incredible story
an incredible story	eine unglaubliche Geschichte

D1
that's when he started school	dann kam er in die Schule
a job with the Los Angeles Railway Company	eine Stelle bei der Los Angeles Railway Company

D2
African-American	Afroamerikaner/in
his family had no money	seine Familie hatte kein Geld
no	kein/e
he said that he loved to work	er sagte, dass er sehr gern arbeitet
said	sagte/st/t/ten, habe/hast/hat/haben gesagt
interview	Interview
he was never ill	er war niemals krank
he only missed one day of work	er hat nur an einem Arbeitstag gefehlt
die	sterben

company	Firma
he worked as a cleaner ▲	er arbeitete als Reinigungskraft

> ▲ **Berufsbezeichnungen**
> immer mit dem Artikel „a/an" (anders als im Deutschen!)
> Arthur was **a** cleaner.   Marcello is **a** hotel manager.
> Laurie Rubino is **an** assistant manager.

in the end	am Schluss
regular verbs	regelmäßige Verben
irregular verbs	unregelmäßige Verben

D4

South America	Südamerika
Argentina	Argentinien
Cuba	Kuba
Bolivia	Bolivien
college	Hochschule, Universität
wanted to be a doctor	wollte Arzt werden
visit	bereisen
on a motorcycle	auf einem Motorrad
man, pl. men	Mann, Männer
woman, pl. women ▲	Frau, Frauen

▲ Zwei weitere unregelmäßige Pluralformen:
  man   men
  woman women

real name	wirklicher Name
childhood	Kindheit
film actress	Filmschauspielerin
friendly with President Kennedy	befreundet mit Präsident Kennedy

E What's cold?

E2

Siberia	Sibirien
it was minus five degrees Celsius	es hatte minus fünf Grad Celsius
we played outside for hours	wir spielten stundenlang draußen
we still played outside	wir spielten immer noch draußen
still	noch
we had our usual winter clothes	wir hatten unsere normale Winterkleidung an
have	tragen, anhaben
we had double clothing	wir trugen zwei Lagen Kleidung

two pairs of trousers	zwei Paar Hosen
coat	Mantel

half an hour	eine halbe Stunde
we went inside	wir gingen hinein / ins Haus
warm up	sich aufwärmen
nearly all the children	fast alle Kinder
stay indoors	im Haus bleiben
there was no school	die Schule fiel aus

F Georgia's story

F1

see	sehen
in the autumn	im Herbst
map	(Land-)Karte

F2

Jamaica	Jamaika
certificate	Zertifikat, Abschlusszeugnis
nursing	Krankenpflege
she wanted to be a nurse	sie wollte Krankenschwester werden
nursing college	Krankenpflegeschule
hospital	Krankenhaus

work full-time	Vollzeit arbeiten
in 2006 she had her daughter	2006 bekam sie ihre Tochter
look after her daughter	sich um ihre Tochter kümmern

H Homestudy

H1

wish you were here	ich wünsche mir, du wärst hier
love	alles Liebe, liebe Grüße

H2

Cape Town	Kapstadt

H8
at home	zu Hause
go shopping	einkaufen gehen

H9
keep-fit class	Fitnesskurs
meeting	Besprechung
tourist office	Fremdenverkehrsbüro

H10
come back	zurückkommen

H11
the United States	die Vereinigten Staaten
Sicily	Sizilien
fireman	Feuerwehrmann
become a singer	Sänger/in werden
orchestra	Orchester
film actor	Filmschauspieler/in
film	Film
success	Erfolg

Unit 6: Great times, great places

great times, great places	viel Spaß, tolle Orte
place	Ort
what's your favourite city?	was ist deine Lieblingsstadt?
city, *pl.* cities	Stadt
where did you go on holiday last year?	wohin bist du letztes Jahr in Urlaub gefahren?

A What's the best time for a holiday?

what's the best time for a holiday?	was ist die beste Zeit für einen Urlaub?

A1
sightseeing tour	Besichtigungsfahrt
mountain	Berg

sun	Sonne
museum	Museum

hiking	Wandern
rucksack	Rucksack
snowboarding	Snowboard fahren
snow	Schnee

street café	Straßencafé
season	Jahreszeit
spring	Frühling
summer	Sommer
autumn *UK*	Herbst
winter	Winter

Lerntipp

Verwenden Sie Bilder oder Sätze, um die Namen der vier Jahreszeiten zu lernen. Sie können sich vielleicht ein Bild von den Lämmern vorstellen, die im „Spring" herum**spring**en. Und eventuell beginnt der „**au**tumn" bereits im **Au**gust für Sie. S**o**nne im S**o**mmer: s**u**n in the s**u**mmer.

A2

Prague	Prag
the Czech Republic	die Tschechische Republik, Tschechien
Venice	Venedig
Iceland	Island
Turkey ▲	die Türkei

▲ **Ländernamen**
Im Englischen wie im Deutschen gibt es ein paar Ländernamen, die einen Artikel haben. Sie entsprechen sich nicht immer:

the Czech Republic	die Tschechische Republik
Turkey	die Türkei
Switzerland	die Schweiz

drive a snowmobile	Schneemobil fahren
the Northern Lights *pl.*	das Polarlicht, das Nordlicht
perfect	perfekt

Venice is full of tourists	Venedig ist voller Touristen
romantic	romantisch

6 Vocabulary unit by unit

sit in street cafés — in Straßencafés sitzen
sit — sitzen
you can already go swimming in June — man kann im Juni schon schwimmen gehen
already — schon

A3
month — Monat
activity — Tätigkeit, (Freizeit-) Beschäftigung

A4
sightseeing — Sehenswürdigkeiten besichtigen
pack — einpacken
go on holiday — in Urlaub fahren
hiking boots *pl.* — Wanderstiefel
sun cream — Sonnencreme
ski — Ski
key — (Lösungs-)Schlüssel
mostly a) — hauptsächlich/meistens (Antwort) a)

A6
can you repeat that, please? — kannst du / können Sie das bitte wiederholen?

B Did you go to Dublin?
did you go to Dublin? — bist du / sind Sie nach Dublin gefahren?

B1
Megan's bag — Megans Tasche
hot air ballooning — Heißluftballon fahren
ready for a short active holiday? — bereit für einen kurzen Aktivurlaub?
then Dublin is the answer — dann ist Dublin die Antwort
visit museums or galleries — Museen oder Galerien besichtigen
enjoy — genießen
sunset cruise — Fahrt im Sonnenuntergang
contact — sich wenden an, Kontakt aufnehmen mit
the ultimate adventure — das äußerste Abenteuer
explore Cairngorm National Park — erkunden Sie den Cairngorm Nationalpark

right in the centre of the park	genau in der Mitte des Parks
from there	von dort aus
dancing	Tanzen
institute	Institut

go sightseeing	Sehenswürdigkeiten besichtigen, eine Stadtbesichtigung machen
go shopping	einkaufen gehen
go hiking	wandern gehen
go windsurfing	Windsurfen gehen
go fishing	fischen gehen
go dancing	tanzen gehen

Lerntipp

Wie viele Ausdrücke mit dem Verb „go" haben Sie bis jetzt gelernt? Zeichnen Sie einen oder mehrere Wort-Igel, wie zum Beispiel:

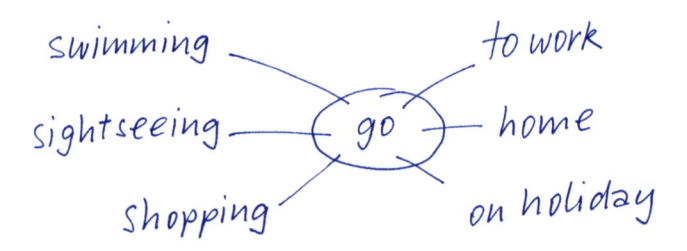

swimming — to work
sightseeing — (go) — home
shopping — on holiday

B3

European	europäisch
stay at a hotel	in einem Hotel wohnen

C What I really liked ...

C1

hi everybody	hallo zusammen
we just got back	wir sind gerade zurückgekommen
last night	gestern Abend/Nacht
we went down to Salem	wir sind nach Salem gefahren

historic	historisch
the Pirate Museum	das Piraten-Museum
I really liked the museum	das Museum gefiel mir richtig gut
really	wirklich
we drove on to Rockport ▲	wir sind nach Rockport mit dem Auto weitergefahren

> ▲ "go"
> Did you **go** to Dublin?   fahren
> I **went** to bed.   gehen

stop	Halt
of course	natürlich
please write soon	schreibt bitte bald

C2
hate	hassen, nicht ausstehen können

C3
not so fast, please	nicht so schnell, bitte

C4
just a quick answer	nur eine schnelle Antwort
take care	pass auf dich auf

D Microvacations
microvacations	Kurzurlaube

D1
go camping	zelten gehen
visit historical places	historische Orte besichtigen
go to amusement parks	Freizeitparks besuchen
American	Amerikaner/in
around 12 days of vacation	etwa 12 Tage Urlaub
weekend trip	Wochenendausflug
25 years ago ▲	vor 25 Jahren

> ▲ „ago" kommt nach der Zeitangabe!
> 25 years **ago**   vor 25 Jahren

they spent six days away from home	sie sind für sechs Tage weggefahren
spend	verbringen
away from	weg von, entfernt von
California	Kalifornien

D3
I spend my holiday in Spain	ich verbringe meinen Urlaub in Spanien
spend the holiday	den Urlaub verbringen
I'm sorry, I don't understand	Tut mir leid, ich verstehe nicht

E A special place

E1
fall *US* ▲	Herbst

▲ **Herbst in den USA**
Die Amerikaner nennen den Herbst „fall". Zu dieser Jahreszeit fallen die meisten Blätter.

E2
arrived in Phoenix	kam in Phoenix an
town	Stadt
bridge	Brücke
in fact	genauer gesagt
millionaire	Millionär
bought	kaufte(st,n,t), habe/hast/hat/haben gekauft
no longer safe	nicht mehr sicher
simply too many cars	einfach zu viele Autos
they marked every stone	sie haben jeden Stein markiert
pack up	zusammenpacken, einpacken
transport	transportieren

E3
North America	Nordamerika
Asia	Asien
Africa	Afrika

F Did you have a nice weekend?
did you have a nice weekend?	hattest du / hatten Sie ein schönes Wochenende?
weekend	Wochenende

F2
go to the theatre	ins Theater gehen
wax museum	Wachsfigurenkabinett
double-decker bus	Doppeldeckerbus

H Homestudy

H3
dear Debbie, ...	liebe Debbie, ...
early	früh
have breakfast	frühstücken
go back	zurückgehen
how was yours?	wie war deins?

H6
honeymoon	Hochzeitsreise, Flitterwochen
come back	zurückkommen

H9
directly	gleich, direkt
go out	ausgehen
go away	wegfahren
Belgium	Belgien
visit	Besuch
tired	müde
hungry	hungrig
see you soon	bis bald

H10
Slovakia	Slowakei
for example	zum Beispiel
Hungarian	Ungarisch
Slovakian	Slowakisch

Consolidation 2

C3
went to the seaside	(Sie sind) ans Meer gefahren
went to the country	(Sie sind) aufs Land gefahren
bed & breakfast	Zimmer mit Frühstück in einer privaten Pension
youth hostel	Jugendherberge

C6

traditional	traditionell
private	privat, eigen
ideal	ideal, perfekt

Unit 7: Family, friends and neighbours

who are your neighbours?	wer sind deine Nachbarn?
what do they look like? ▲	wie sehen sie aus?

> ▲ Zweimal „like"
> What do they look like? Wie sehen sie aus?
> What are they like? Wie sind sie?

do you go shopping with your family?	gehst du / gehen Sie mit deiner/Ihrer Familie einkaufen?

A New neighbours

A1

neighbour	Nachbar, Nachbarin
she works at home	sie arbeitet zu Hause
she uses pens	sie verwendet Stifte
is she a teacher?	ist sie Lehrerin?
artist	Künstler/in
house-moving	Umziehen
invitation	Einladung
I do stuff for books and magazines	ich mache alles Mögliche für Bücher und Zeitschriften

A2

husband	(Ehe-)Mann
daughter	Tochter
son	Sohn
thanks for the great party	danke für die tolle Party
love, Fran ▲	liebe Grüße, Fran

> ▲ "Love" oder "(With) love from"
> als Gruß am Ende eines Briefes, einer Postkarte oder E-Mail an Freunde oder Familienmitglieder

A3

she's got long, blonde hair	sie hat lange blonde Haare
have got / has got	haben
tall	groß
thin	dünn
curly	lockig
glasses	Brille
she's short	sie ist klein

▲ **Vergleichen Sie:**
rather short — ziemlich klein
a little heavy — ein bisschen dick
a bit curly — ein bisschen lockig

heavy	*hier:* dick; schwer
he is rather bald ▲	er hat fast eine Glatze

Lerntipp

Einige Tipps für visuelle Lernertypen:
- Zeichnen Sie Figuren, die diese Adjektive illustrieren. Dann schreiben Sie die Adjektive hinein oder daneben.
- Wenn Sie nicht zeichnen können oder wollen, nehmen Sie Fotos oder Zeichnungen und schreiben sie die Adjektive darauf.
- Schreiben Sie die Wörter so, dass die Schreibweise der Bedeutung entspricht. Schreiben Sie das Wort „tall" lang und hoch, das Wort „thin" sehr dünn usw.

B A famous family

B1

America	Amerika
the British *pl.* ▲	die Briten

▲ **Pluralformen**
Die Pluralform von „American" ist „Americans". Siehe auch:
"the Germans, the Italians, the Austrians" etc.
Vergleichen Sie die Nationalitäten, die auf **-sh**, **-ch**, **-s** oder **-se** enden:
"the British, the French, the Swiss, the Japanese" etc.
→ Keine Mehrzahlform!

Royal Family	königliche Familie, Königsfamilie
rich	reich
family problems	Familienprobleme
United States *pl.*	Vereinigte Staaten (von Amerika)
businessman	Geschäftsmann
he made millions of dollars	er machte Millionen von Dollar

politician	Politiker/in
political	politisch

marry	heiraten
aunt	Tante
uncle	Onkel
grandchild,	Enkel(kind)
pl. grandchildren	
cousin	Cousin, Cousine
brother	Bruder
nephew	Neffe
niece	Nichte

actor	Schauspieler
governor	Gouverneur
a sad history	eine traurige Geschichte
they were both killed	sie wurden beide umgebracht
die in accidents	bei Unfällen sterben
generation	Generation

Lerntipp

Zeichnen Sie Ihre eigene Familie auf ein großes Blatt Papier und schreiben Sie zu jeder Person die passende Information, z. B.: „my mother Anna". Vergessen Sie sich selbst nicht: „me". Sie können auch ein Familienfoto verwenden und es fotokopieren/vergrößern.
Schreiben Sie die passende englische Überschrift auf Ihr Poster und hängen Sie es zu Hause oder im Kursraum auf.
Stellen Sie einem Partner Ihre Familienmitglieder vor:
„This is my mother. Her name's Anna. ..."

B2

grandfather	Großvater
grandmother	Großmutter

C Shopping with a teenager

C1

shirt	Hemd
shoe	Schuh

trousers	Hose
jacket	Jacke
skirt	Rock
coat	Mantel
jeans	Jeans
pullover	Pullover
brown	braun

C2

I like shopping with my partner	ich gehe gern mit meinem Partner / meiner Partnerin einkaufen
alone	allein

▲ The T-shirt looks nice.
The neighbours look friendly.

C3

that looks nice ▲	das sieht schön/nett aus
shoe shop	Schuhgeschäft
restaurant	Restaurant
clothes shop	Bekleidungsgeschäft
what do they look at?	was schauen sie an?
black	schwarz

what size is Emma?	welche Größe hat Emma?
small	S (Kleidergröße)
medium	mittel (Kleidergröße)
large	L (Kleidergröße)
extra large	XL (Kleidergröße)

can I help you?	kann ich Ihnen helfen?
what colour would you like?	welche Farbe hätten Sie gern?
what about that one there?	wie wäre es mit diesem da?
can I try a large, please?	kann ich es in Größe L anprobieren?
I'm fine	ich komme zurecht

D Who's taller?

who's taller? — wer ist größer?

D1
Jeremy is taller than Linda — Jeremy ist größer als Linda
grey — grau

> ▲ a pair of shoes — ein Paar Schuhe
> a pair of jeans — ein Paar Jeans
> → aber auch:
> a pair of glasses — eine Brille!

D2
a pair of shoes ▲ — ein Paar Schuhe ▲
the black shoes are more attractive than the grey ones — die schwarzen Schuhe sind schöner als die grauen
attractive — attraktiv, schön
comfortable — bequem
expensive — teuer
better — besser

D4
this book is bigger than that book — dieses Buch ist größer als jenes Buch
these glasses are heavier than those glasses — diese Brille ist schwerer als jene Brille
heavy — schwer

this — diese/r/s
that — diese/r, das (da)
these — diese
those — diese, die (da)

D5
what do they do? — was machen sie (beruflich)?
how old are they? — wie alt sind sie?
what sort of person are they? — was für eine Art von Person sind sie?
she has a boyfriend — sie hat einen Freund
taller than me — größer als ich
pretty — hübsch
friendly — freundlich, nett

E Family business
family business   *hier:* "rund um die Familie", eigentlich: Familienbetrieb

E2
film director   Filmregisseur
actress ▲   Schauspielerin
actor   Schauspieler

> ▲ **Actress**
> ist eine der wenigen weiblichen Berufsbezeichnungen im Englischen. Viele junge Schauspielerinnen verwenden aber heute lieber die Berufsbezeichnung **actor**.

she's another film director   sie ist auch Filmregisseurin

F My best friend
my best friend   mein bester Freund, meine beste Freundin

F1
when did you meet?   wann haben Sie sich kennengelernt?
on the first day of school   am ersten Schultag

H Homestudy

H5
Indian   Inder/in

H6
grandson   Enkel(sohn)
granddaughter   Enkelin

H7
secretary   Sekretär/in
Newfoundland   Neufundland

H14
pink   rosa

Unit 8: At home and at work

at work	bei der Arbeit
where do you live?	wo wohnst du / wohnen Sie?
where do you work?	wo arbeitest du / arbeiten Sie?

A A nice area?

a nice area	eine schöne Gegend

A1

I live in a town	ich wohne in einer Stadt
city	(große, bedeutende) Stadt
village	Dorf
suburb	Vorort
busy	verkehrsreich
quiet	ruhig
neighbourhood	Wohngegend, Viertel
there are good schools	es gibt gute Schulen
sports centre	Sportzentrum
not far from the city centre	nicht weit vom Stadtzentrum entfernt
railway station	Bahnhof
you can take the train to the city	man kann mit dem Zug in die Stadt fahren
it only takes about 15 minutes ▲	man braucht nur ungefähr 15 Minuten ▲

▲ Zweimal „take":
take the train	mit dem Zug fahren, den Zug nehmen
take about 15 minutes	etwa 15 Minuten brauchen

▲ „ungefähr":
Zwei Möglichkeiten „ungefähr" zu sagen:
about 15 minutes
around 15 days of vacation

cathedral	Kathedrale
noisy	laut
exciting	aufregend
there are always things to do	es gibt immer etwas zu tun
cinema	Kino
theatre	Theater

film	Film
shop twenty-four hours a day	24 Stunden am Tag einkaufen
from every area of the world	aus allen Gegenden der Welt
there's a beautiful park	es gibt einen schönen Park
go for a walk	spazieren gehen
ride a bike	Fahrrad fahren
very little traffic	sehr wenig Verkehr
the noise of the sea	das Geräusch des Meeres
near	nah, nahe
walk	Spaziergang
great views of the mountains	tolle Aussicht auf die Berge
by car	mit dem Auto

Lerntipp

Lernen Sie Wörter, die zusammenpassen.
Zum Beispiel: Welche Adjektive passen für Sie am besten zu den Wörtern „village", „suburb", „city" usw.? „A quiet village" vielleicht?

→ Notieren Sie diese Wortpaare. Die Verbindung kann Ihr Gedächtnis unterstützen.

A2

go for a walk	spazieren gehen
how many shops are there?	wie viele Geschäfte gibt es?
a lot	viel(e)
not many	nicht viele
how much noise is there?	wie laut ist es dort?
not much	nicht viel; *hier:* nicht sehr
traffic	Verkehr

B A new home and a new office

a new home ▲	ein neues Zuhause

▲ my home   mein Zuhause
             (*auch:* meine Heimat)
   my house   mein Haus

B1

another company	eine andere Firma
Yumiko has a meeting	Yumiko hat eine Besprechung

check the flights	nach einem Flug suchen
fill out a questionnaire	einen Fragebogen ausfüllen
a place to live	eine Wohnung
can I speak to Yumiko Hashimoto, please?	kann ich bitte mit Yumiko Hashimoto sprechen?
hello, this is John Baker ▲	hallo, hier ist John Baker

> ▲ **Am Telefon:**
> **This is** John Baker.   **Hier ist** John Baker.

I look forward to seeing you	ich freue mich darauf, Sie/dich zu treffen

B2

personal details	Personalien, persönliche Angaben
family name	Familienname, Nachname
given name ▲	Vorname
male	männlich

> ▲ **Namen:**
> Beachten Sie:
> Family name / Surname = *Name, Familienname*
> Given name / First name = *Vorname*

accommodation	Unterkunft
apartment	Wohnung
modern	modern
traditional	traditionell
number of bedrooms	Anzahl der Zimmer
bedroom	Schlafzimmer
facilities *pl.*	Ausstattung
garage	hier: Autogarage
garden	Garten
balcony	Balkon

journey to work	Arbeitsweg
by train	mit dem Zug
by subway	mit der U-Bahn
by bus ▲	mit dem Bus
journey time	Fahrzeit
travel to work	Arbeitsweg
under 30 minutes	unter 30 Minuten

> ▲ **Beachten Sie:**
> go **by** train/car/bus/bike

mark	kennzeichnen
in order of importance	der Wichtigkeit nach
important	wichtig, bedeutend
local	örtlich
price	Preis

Vocabulary unit by unit 8

> **Lerntipp**
>
> Skizzieren Sie einen Plan Ihrer Wohnung bzw. Ihres Hauses und beschriften Sie die Zimmer, die Türen, die Fenster und eventuell auch die Möbel. Ein Tipp für die aktiven sowie die visuellen Lernertypen!

C Moving

moving	Umziehen

C1

armchair	Sessel
coffee table	Couchtisch
lamp	Lampe
sofa	Sofa
living room	Wohnzimmer
kitchen	Küche
cooker	Herd
refrigerator	Kühlschrank

> **Lerntipp**
>
> Gehen Sie in Ihrer Wohnung herum und versuchen Sie, die Möbelstükke und andere Gegenstände laut auf Englisch zu benennen. Gut für die aktiven Lernertypen sowie für diejenigen, die gern hören, was sie zu lernen haben!

C2

the Australians think it is very small	die Australier finden, dass es sehr klein ist
Japanese	Japaner/in
unfurnished	unmöbliert
I went to buy furniture	ich bin Möbel kaufen gegangen
other things	andere Dinge
last weekend	letztes Wochenende
cushion	Kissen
I like to sit on the floor	ich sitze gern auf dem Boden
I can put my laptop on it	ich kann meinen Laptop darauf stellen
laptop	tragbarer PC
sleep	schlafen
sell	verkaufen

D My workplace

workplace — Arbeitsplatz

D1

office assistant	Büroassistent
shop assistant	Verkäufer, Verkäuferin
chef	(Meister-)Koch, (Meister-)Köchin
housewife	Hausfrau
house husband	Hausmann
hotel manager	Hoteldirektor/in
hospital	Krankenhaus
I'm a nurse ▲	ich bin Krankenschwester/Krankenpfleger

▲ **Remember**
I'm a nurse.   Ich bin Krankenschwester/Krankenpfleger.

student	Student/in
I work in an office	ich arbeite in einem Büro
I'm between jobs	ich bin gerade ohne Stelle / arbeitslos
I'm retired	ich bin im Ruhestand / Rentner/in

D2

on holiday	im Urlaub
at a meeting	in einer Besprechung
at lunch	beim Mittagessen
Alan sits opposite the door	Alan sitzt gegenüber von der Tür
opposite	gegenüber (von)
behind	hinter
in the corner of	in der Ecke
in the middle of	in der Mitte, mitten in
next to	neben
between	zwischen
in front of	vor

Lerntipp

Erstellen Sie Ihre eigenen Diagramme für diese Ortspräpositionen: Was man selber geschrieben und gezeichnet hat, kann man sich in der Regel besser merken.

D3

she sits behind Alan	sie sitzt hinter Alan
Yumiko sits between Alan and Daniella	Yumiko sitzt zwischen Alan und Daniella
the plant is in front of Darrell's door	die Pflanze steht vor Darrells Tür
plant	Pflanze
in the corner of the office	in der Ecke des Büros
in the middle of the office	in der Mitte des Büros
next to the window	neben dem Fenster

D4

what do you like?	was gefällt dir?
why?	warum?
because it's modern	weil sie modern ist
what don't you like?	was gefällt dir nicht?

E House swap

house swap	Haustausch

E1

where did you stay?	wo hast du / haben Sie gewohnt/ übernachtet?
what was it like?	wie war es?

E2

the Schneider family	die Familie Schneider
summer holiday	Sommerurlaub
swap houses	die Häuser tauschen
famous for its flowers	berühmt für seine Blumen
geology	Geologie
kitchen area	Küchenecke
dining area	Essecke
bathroom	Badezimmer
a separate toilet	eine getrennte Toilette
double bed	Doppelbett
television	Fernseher
dishwasher	Geschirrspülmaschine

washing machine	Waschmaschine	
at the back	hinten, hinter dem Haus	
pub	Pub, Kneipe	
watch the sun go down	die Sonne untergehen sehen	

F Hotels

F1

room	Zimmer
minibar	Minibar
hotel chain	Hotelkette
swimming pool	Schwimmbad

> ▲ Britisch ↔ Amerikanisch
> traveller *(UK)*   traveler *(US)*
> → Mehr zu Unterschieden in der Schreibweise finden Sie in der Phrasebank, S.141

F2

business traveler *US* ▲	Geschäftsreisende/r
surprise	Überraschung
choose a hotel	ein Hotel auswählen
question	Frage
airport	Flughafen
so they can work	damit sie arbeiten können
try to stay at the same hotel chain	versuchen, bei der gleichen Hotelkette zu wohnen
Marriott is their favorite *US*	Marriott ist bei ihnen am beliebtesten

H Homestudy

H4

noise	Lärm

H5

Indian	indisch
Chinese	chinesisch
pizza take-away	Pizza-Lieferservice

H8

have a look (at)	anschauen

H9

picture	Bild

Unit 9: Out on the town

out on the town	etwa: Ausgehen in der Stadt
where do you go in your free time?	wohin gehst du / gehen Sie in deiner/ Ihrer Freizeit?
what did you do last Friday?	was hast du / haben Sie letzten Freitag gemacht?

A Free time and the city

free time	Freizeit

A1

my ideal town	meine ideale Stadt
some coffee shops	einige Cafés
opera house	Oper
department store	Kaufhaus
boutique	Boutique
lots of small shops	viele kleine Läden
a lot of bars and pubs	viele Bars und Kneipen
fitness centre	Fitnessstudio

A2

my favourite place for entertainment	die Stadt, die für mich das beste Unterhaltungsangebot hat

A3

they don't have any clubs	es gibt keine Clubs
wonderful little cafés	schöne kleine Cafés
Indian	indisch

> **Lerntipp**
>
> Um sich die Wörter **some** und **any** besser zu merken, suchen Sie prägnante Sätze. Sie können lustig und absurd sein, oder logisch und sinnvoll. Nehmen Sie z.B. den folgenden Satz als Muster:
>
> I have some (cups) but I don't have any (coffee).

B Free time and money

B1

how many hours	wie viele Stunden
how much money	wie viel Geld

B2

magazine	Zeitschrift
movies *pl. US*	Filme; hier: Kino
I spent a lot of money on clothes	ich habe viel Geld für Kleidung ausgegeben
some money	etwas Geld
spend ▲	(Geld) ausgeben

> ▲ Zweimal "spend":
> I spent a lot of money on clothes.   (Geld) ausgeben
> I spent my holidays in Spain.   (Zeit) verbringen

nothing	nichts

B4

Canadian	Kanadier/in
visit a restaurant	ein Restaurant besuchen
snack	Imbiss, Zwischenmahlzeit
20 times a month	20-mal pro Monat
tip ▲	Trinkgeld

> ▲ Zweimal "tip":
> tip   Trinkgeld
> (learning) tip   (Lern-)Tipp

operate	in Betrieb sein
on average	im Durchschnitt
pay	bezahlen
percent	Prozent

B5

once a month	einmal pro Monat
twice	zweimal
three times ▲	dreimal

> ▲ Wie oft?
> once   einmal
> twice   zweimal
> three times   dreimal
> four times   viermal

people usually tip 15 to 20%	man gibt normalerweise 15 bis 20% Trinkgeld

C Friday after work

C1

go to the gym	ins Fitnessstudio gehen
meet friends	sich mit Freunden treffen
do housework	Hausarbeit machen
do sport	Sport treiben

C2

What is on?	Was ist los? Was ist angesagt?
ad / advertisement	Anzeige
Free drink and snacks for ladies at midnight!	Um Mitternacht: Gratisgetränke für weibliche Gäste
free drink	Gratisgetränk
midnight	Mitternacht
lady, pl. ladies ▲	Dame/Frau, Damen/Frauen

> ▲ **Frauen**
> lady (ladies) *etwa:* Dame(n)
> woman (women) *etwa:* Frau(en)

pianist	Pianist/-in, Klavierspieler/-in
tennis court	Tennisplatz
open from 10 a.m. to 10 p.m.	von 10 Uhr bis 22 Uhr geöffnet
training programme ▲	Trainingsprogramm
spa	Wellnessbereich
sauna	Sauna
steam bath	Dampfbad
jacuzzi	Whirlpool, Sprudelbad
massage service	Massageservice
vitamin and power drinks	Vitamin- und Energiegetränke
from 5 p.m.	ab 17 Uhr
regional news	Regionalnachrichten
win	gewinnen
world news	Weltnachrichten
comedy	Komödie

D A night out

D1
go to open-air festivals	auf Freiluft-Festivals gehen
watch plays at the theatre	sich Stücke im Theater ansehen

D2
I'd like some tickets for the Shakespeare open-air	ich möchte Karten für das Shakespeare Open Air
how much is a ticket?	wie viel kostet eine Eintrittskarte?
the cheapest ticket is $25	die billigste Karte kostet $25
anything else?	noch etwas?
salsa and fun for everyone	Salsa und Spaß für alle

D3
how was the play?	wie war das Stück?
boring	langweilig

E Shopping and more

E1
shopping mall	Einkaufszentrum
from catalogues	aus Katalogen
through the Internet	über das Internet

E2
waterfall	Wasserfall
every ten days	alle zehn Tage
over one hour	über eine Stunde
fountain	Springbrunnen
the whole family	die ganze Familie
inside the mall	im Einkaufszentrum

F Films and plays at open-air festivals

F1
produce a play	ein Stück inszenieren
theatergoer	Theatergänger/in
a few tips from this summer's program	ein paar Tipps aus diesem Sommerprogramm

H Homestudy

H2
hometown	Heimatstadt

H10
stay home	zu Hause bleiben
go out	ausgehen

H12
enjoy the show	viel Spaß bei der Aufführung

Consolidation 3

C1
credit card	Kreditkarte
origin	Herkunft
height	(Körper)Größe
character	Charakter
serious	ernst
free time activities *pl.*	Freizeitbeschäftigung(en)
jazz music	Jazzmusik
Thai food	thailändisches Essen
travel company	Reiseunternehmen
the Caribbean	die Karibik

C4
traditional dances	traditionelle Tänze
1970s rock music	Rockmusik der 1970er Jahre
opera singing	Operngesänge
waltz	Walzer

senior citizen	Senior
favorite *US*	Lieblingsstück
march	Marsch
performer	Künstler/in
perform	aufführen, (vor)spielen
visit	Besuch
thereafter	danach

Unit 10: On the go

on the go	"auf Trab"
how do you get to work/school?	wie kommst du / kommen Sie zur Arbeit/Schule?
how long does it take?	wie lange braucht es?
what time does the train leave?	um wieviel Uhr fährt der Zug ab?

A The fastest train

the fastest train	der schnellste Zug

A1

car	Auto
underground railway	Untergrundbahn
bicycle/bike	Fahrrad
taxi	Taxi
ship	Schiff
bus	Bus
plane	Flugzeug

A2

slow	langsam

A3

the most expensive passenger ship in the world	das teuerste Passagierschiff der Welt
the largest passenger plane	das größte Passagierflugzeug
the safest car	das sicherste Auto
type of transport	Transportmittel
dangerous	gefährlich

B How do you get there?

how do you get there?   wie kommst du / kommen Sie dorthin?

Lerntipp

Das folgende Beispiel zeigt, wie wichtig es ist, ganze Sätze oder Ausdrücke zu lernen.
How do you get to work? – I **get there** by car. (I~~ get by car~~.)
How do you go to work? – I **go (there)** by car.

Das Verb "get" bedeutet nicht genau das Gleiche wie "go". Als Ergänzung zu „get" im Sinne von „kommen" muss man immer das Reiseziel nennen, anders als bei „go".

B1

tour guide	Reiseführer/in, Fremdenführer/in
problem	Problem
bus service	Busverbindungen
I don't have a choice	ich habe keine Wahl
tram service	Straßenbahnverbindungen
there aren't enough routes	es gibt nicht genug Linien
it takes me about 30 minutes ...	ich brauche etwa 30 Minuten ...
it's easier to take the bus than go by car	es ist einfacher den Bus zu nehmen als mit dem Auto zu fahren
by tram	mit der Straßenbahn
by bicycle	mit dem Fahrrad
bike	Fahrrad (Abkürzung)
by underground	mit der U-Bahn
I walk to the office ▲	ich gehe zu Fuß ins Büro

▲ **Walk**
„Go" lässt sich sowohl mit „gehen" als auch „fahren" übersetzen.
Das Verb „**walk**" dagegen bedeutet immer „zu Fuß gehen":
I walk to work. Ich gehe zu Fuß zur Arbeit.
Vergleichen Sie:
I drive to work. Ich fahre mit dem Auto zur Arbeit.

I work at the post office	ich arbeite bei der Post
it's just down the road	es ist nur diese Straße hinunter
I'm there in 20 minutes	ich brauche 20 Minuten dortin

B2

business people *pl.*	Geschäftsleute
schoolchild, *pl.* schoolchildren	Schulkind(er)
go to the university	zur Universität gehen
share a car	ein Auto teilen, zusammen fahren

B3

how long does it take?	wie lange braucht es?
most people go to work by car	die meisten fahren mit dem Auto zur Arbeit

C A business trip

business trip	Geschäftsreise

C1

station	Bahnhof
airline	Fluggesellschaft
gate	Flugsteig
platform *UK*	Bahnsteig
rush hour	Hauptverkehrszeit
passenger	Fluggast
motorway *UK*	Autobahn

C2

what platform does it leave from?	von welchem Bahnsteig fährt er ab?
arrive	ankommen
ticket office	Fahrkartenschalter

C3

stop-over	Zwischenlandung
invite	einladen

Lerntipp

Die fünf Fragen, die hier folgen (*), sind für die Kommunikation sehr wichtig. Versuchen Sie, die Sätze zu lernen, und sie so oft wie möglich im Unterricht zu benutzen. Nur durch regelmäßiges Üben solcher Fragen werden sie Ihnen zu jeder Zeit zur Verfügung stehen.

*what did you say?	was haben Sie gesagt?
*sorry, can you repeat ...?	Entschuldigung, können Sie ... wiederholen?
*sorry, did you say ...?	Entschuldigung, haben Sie ... gesagt?
*can you say that again, please?	können Sie das bitte noch einmal sagen?
*can you speak louder?	können Sie lauter sprechen?
PA (personal assistant)	persönliche/r Assistent/in
can we meet for dinner?	können wir uns zum Abendessen treffen?
dear Mr Wolnik, ...	lieber Herr Wolnik, ...
best wishes	schöne Grüße

D The Birmingham Ghost Walk

ghost walk	"Geisterspaziergang"

D1

second largest	zweitgrößte/r
third largest	drittgrößte/r
amazing	erstaunlich, verblüffend
fact	Tatsache
George Cadbury began making chocolate	George Cadbury fing an Schokolade herzustellen
chocolate	Schokolade
chocolates *pl.*	Pralinen
parade	Parade
more canals than Venice	mehr Kanäle als Venedig
tree	Baum
inhabitant	Einwohner/in

D2

go down Victoria Square	gehen Sie den Victoria Square hinunter
turn right into Paradise Street	biegen Sie rechts in die Paradise Street ein
bookshop	Buchhandlung
walk down the street	gehen Sie die Straße hinunter
turn left	biegen Sie nach links ab
walk past the theatre	gehen Sie am Theater vorbei
it's on the left	es ist auf der linken Seite
it's on the right	es ist auf der rechten Seite

Visitor Information Centre	Besucher-Informationszentrum
Town Hall	Rathaus
end	enden
visit	Besuch
it costs £5 for adults	er kostet £5 für Erwachsene
five pounds (£5)	fünf Pfund
book your tickets	buchen Sie Ihre Eintrittskarten
by telephone	telefonisch

Lerntipp

Unser Gedächtnis speichert sehr leicht Gegensätze, z. B. Wortpaare wie **hot/cold**, aber noch besser ganze Ausdrücke mit solchen Gegensätzen.

Lesen und ergänzen Sie die folgenden Beispiele aus den Aspekten A – D:

the safest car	the most _____ car
the slowest train	the _____ train
the train leaves	the train _____
it's on the left	it's on the _____

E I fly to work

I fly to work — ich fliege zur Arbeit

E1

commuter	Pendler/in
travel regularly to and from work	einen Anfahrtsweg zur und von der Arbeit haben
commute	pendeln
commute	Weg zu und von der Arbeit

E2

pay	Bezahlung, Lohn
outside London	außerhalb Londons
central London	das Stadtzentrum Londons

F An island in the Mediterranean
in the Mediterranean — im Mittelmeer

F1
how do you get to the island?	wie kommt man zur Insel?
departure	Abfahrt
every 30 minutes until 20:00	alle 30 Minuten bis 20 Uhr
helicopter service	Hubschrauber-Service
arrival	Ankunft
return flight	Hin- und Rückflug
for further information	für weitere Informationen

F3
sister island	Schwesterinsel
Mediterranean Sea	Mittelmeer
official language	Amtssprache
Maltese	Maltesisch
mild	mild
an average temperature of 16°C	eine Durchschnittstemperatur von 16°C

crystal clear	kristallklar
water sports	Wassersport
sailing	Segeln
diving	Tauchen
excellent white crispy bread	ausgezeichnetes knuspriges Weißbrot
pepper cheese	Pfefferkäse
attraction	Sehenswürdigkeit
thousands of tourists	Tausende von Touristen

H Homestudy

H3
relaxing	erholsam, entspannend
car racing	Autorennen fahren

H6
Chinese	chinesisch
a glass of red wine	ein Glas Rotwein
summer holidays *pl.*	Sommerferien, Sommerurlaub

H7
delayed	verspätet

H9
euro	Euro
journey	Reise
which	welche, welcher

H11
news	Nachrichten
directions, *pl.*	Wegbeschreibung
building	Gebäude
park	parken
wish	wünschen

Unit 11: What's on next week?

what's on next week?	was ist nächste Woche los?
what are you doing this evening?	was machst du / machen Sie heute Abend?
why don't we go to the cinema?	warum gehen wir nicht ins Kino?

A The visitors
visitor	Besucher/in

A1
visitors' programme	Besucherprogramm
pick up guests from hotel	Gäste vom Hotel abholen
tour of the factory	Rundgang durch die Fabrik
lunch at the canteen	Mittagessen in der Kantine

sales department	Verkaufsabteilung
docks	Hafen
return to the hotel	Rückkehr ins Hotel
call	nennen

A2

John is taking the visitors to the car museum	John begleitet die Besucher zum Automuseum
go to a musical ▲	in ein Musical gehen

▲ **Vergleichen Sie:**
They're having lunch **at** the canteen.
They're going **to** the Car Museum.

A3

first they're having a meeting	zuerst haben sie eine Besprechung
next they're visiting the factory	als nächstes besichtigen sie die Fabrik
then they're having lunch	dann essen sie zu Mittag
after that they're going to a musical	danach gehen sie in ein Musical

A4

we look forward to showing you around our town	wir freuen uns darauf, euch durch unsere Stadt zu führen
let us know what else you would like to see	teilt uns mit, was Ihr sonst sehen möchtet

B A busy week

B1

talk to Steven	mit Steven sprechen
return to London	nach London zurückfahren

B2

I'm afraid I can't ...	ich fürchte, ich kann nicht ...
I'd love to, but ...	ich würde sehr gern, aber ...
sorry, but I can't ...	tut mir leid, aber ich kann nicht ...

C Let's go for a drink

C2

let's go for a drink!	lass(t) uns etwas trinken gehen!
let's ...	lass(t) uns ...
that's a good idea	das ist eine gute Idee
sure, I'd love to	klar, sehr gern
where are we going?	wo gehen wir hin?
why don't we go to a Japanese restaurant?	warum gehen wir nicht in ein japanisches Restaurant?
what are you doing tonight?	was machst du / machen Sie heute Abend?
nothing special	nichts Besonderes

Lerntipp

Bereiten Sie Lernkarteikarten mit verschiedenen Ausdrücken aus den Aspekten B und C vor: Ausdrücke, mit denen Sie etwas vorschlagen können (zum Beispiel: Let's ...) und Ausdrücke, mit denen Sie auf einen Vorschlag zustimmend oder ablehnend reagieren können.

→ Üben Sie, wenn möglich, mit einer anderen Person zusammen. Person A macht einen Vorschlag, Person B reagiert usw.

D What are you doing after work?

after work   nach der Arbeit

D1

speaker	Sprecher/in
have sushi	Sushi essen
lasagne	Lasagne
cook dinner ▲	das Abendessen kochen

▲ **Ohne Artikel im Englischen:**
after work   nach der Arbeit
have sushi   Sushi essen
cook dinner   das Abendessen kochen

Lerntipp

Wie viele Bedeutungen von "have" kennen Sie jetzt aus **Next A1**?
Zeichnen Sie einen Wort-Igel! Hier sind einige Beispiele:
have dark hair, have breakfast, have sushi, have a holiday

dark hair — have — breakfast
sushi — have — a holiday

D3

working parents	berufstätige Eltern
the office for National Statistics	nationales Statistikamt
some of the results are quite surprising	einige der Ergebnisse sind ziemlich überraschend
spend too much time at work	zu viel Zeit bei der Arbeit verbringen
this means that ...	das bedeutet, dass ...
read a short bed-time story	eine kurze Gutenachtgeschichte vorlesen
listen to music	Musik hören
25 minutes less	25 Minuten weniger
the survey shows that ...	die Umfrage zeigt, dass ...
8 minutes more	8 Minuten mehr
time use survey	Zeitbudgeterhebung

D5
listen to the radio   Radio hören

Lerntipp

Zeichnen Sie auch Wort-Igel für die Verben „**listen to**" und „**read**",
zum Beispiel:

hip hop music

music —(listen to)—
    the radio

the newspaper
—(read)—
    a book

E An English course

E1
an export manager needs to know how to ...	ein/e Exportleiter/in muss wissen, wie man ...
hold meetings	Besprechungen führen
motivate his/her colleagues	seine/ihre Kollegen/Kolleginnen motivieren
listen to his/her colleagues	seinen/ihren Kollegen/Kolleginnen zuhören
speak foreign languages	Fremdsprachen sprechen

E2
which is the right course?   welcher ist der richtige Kurs?

marketing   Marketing
banker   Banker/in, Bankier
tourism   Tourismus
English for business people   Englisch für Geschäftsleute

intensive training   Intensivunterricht
lunch time   Mittagszeit
during the training   während des Unterrichts
training material   Lehrmaterial

E3
title　　　　　　　　　　　Titel

F Booking a room
book a hotel room　　　　　ein Zimmer reservieren

F1
make a reservation　　　　　eine Reservierung vornehmen
close to Victoria Station　　in der Nähe von Victoria Station
guest room　　　　　　　　　Gästezimmer
continental breakfast　　　　kontinentales Frühstück
credit card number　　　　　Kreditkartennummer
time of arrival　　　　　　　Ankunftszeit
satellite TV　　　　　　　　　Fernseher mit Satellitenempfang
coffee/tea maker　　　　　　Kaffee-/Teemaschine
bathroom　　　　　　　　　　Badezimmer
shower　　　　　　　　　　　Dusche
hairdryer　　　　　　　　　　Fön
single room　　　　　　　　　Einzelzimmer
room service　　　　　　　　Zimmerservice
the room is reserved　　　　das Zimmer ist reserviert

F2
equipped (with)　　　　　　　ausgestattet (mit)
air conditioning　　　　　　　Klimaanlage
trouser press　　　　　　　　Hosenpresse
safe　　　　　　　　　　　　Safe, Sicherheitsfach
free use of the　　　　　　　kostenlose Nutzung des Fitness-Raums
　fitness club
conference room　　　　　　Konferenzraum
full breakfast　　　　　　　　komplettes Frühstück

H Homestudy

H1
watch football on TV　　　　Fußball im Fernsehen ansehen

H2
how are things　　　　　　　wie geht's dir so?
　with you?
I'm taking a short break　　　ich mache einen kurzen Urlaub
　from work

guess where I'm going	rate mal, wohin ich fahre
I'm taking a boat trip	ich mache eine Bootsfahrt
I'm so excited	ich bin so aufgeregt

H4
journalist	Journalist/in
salesperson	Verkäufer/in

H5
mum	Mama

H6
Greek	griechisch
are you free tomorrow?	hast du morgen Zeit?

Unit 12: Body and soul

body and soul	Körper und Seele
do you have a healthy lifestyle?	hast du / haben Sie eine gesunde Lebensweise?
are you stressed?	sind Sie gestresst?, hast du Stress?

A Move your body
move your body	bewegen Sie sich / bewege dich

A1
stand with your back straight	stehen Sie mit geradem Rücken
back	Rücken
close your eyes	schließen Sie Ihre Augen
eye	Auge
breathe in through your nose	atmen Sie durch Ihre Nase ein
nose	Nase
and out through your mouth	und durch Ihren Mund aus
mouth	Mund
touch your right ear with your right shoulder	berühren Sie Ihr rechtes Ohr mit Ihrer rechten Schulter
ear	Ohr

shoulder	Schulter
bend your head	beugen Sie Ihren Kopf
head	Kopf

toe	Zeh
hand	Hand
knee	Knie
stretch your right leg	dehnen Sie Ihr rechtes Bein
leg	Bein
foot, pl. feet ▲	Fuß
arm	Arm

Lerntipp

Im Unterricht hatten Sie Gelegenheit, durch Bewegung die englischen Namen der Körperteile zu lernen. Wenn Sie lieber visuell lernen, nehmen Sie das Bild einer Person und beschriften es mit den Bezeichnungen der Körperteile, oder zeichnen Sie selber eine Person und beschriften Sie Ihre eigene Zeichnung.

B A healthy lifestyle

a healthy lifestyle	eine gesunde Lebensweise

B1

many times a week	oftmals pro Woche
do sports	Sport treiben
do nothing	nichts tun
relax	sich entspannen, erholen, ausruhen

how to score	wie man Punkte bekommt
point	Punkt
what your score means	was Ihr Ergebnis bedeutet
excellent	hervorragend
not good enough	nicht gut genug
try harder	strengen Sie sich mehr an, geben Sie sich mehr Mühe
change	ändern

B2

forget	vergessen
go to the doctor's	zum Arzt/zur Ärztin gehen
listen to your doctor	hören Sie auf Ihren Arzt/Ihre Ärztin
have check-ups	gehen Sie zu Kontrolluntersuchungen

tip	Tipp, Hinweis
regular	regelmäßig
don't worry	mach dir / machen Sie sich keine Sorgen
don't smoke	rauchen Sie nicht
be careful about second-hand smoke	seien Sie vorsichtig wegen des Passivrauchens
non-smoker	Nichtraucher/in
five times a day	fünfmal am Tag
stressful	anstrengend
fast food	Fast Food, Essen aus Schnellimbiss-Restaurants
walking	Gehen, Spazierengehen
jogging	Dauerlauf
cycling	Radfahren
good for your health	gut für Ihre Gesundheit

C What's the matter?

what's the matter?	was ist los?

C1

how do you feel today?	wie fühlst du dich / fühlen Sie sich heute?
what's the matter with you?	was fehlt dir/Ihnen?
not so good	nicht so gut
I've got a sore throat	ich habe Halsschmerzen
I feel hot	mir ist heiß
I've got a terrible headache	ich habe schreckliche Kopfschmerzen
I've got a bad cough	ich habe starken Husten
oh, dear!	oje!
sorry to hear that	tut mir leid, das zu hören
she should drink hot lemon juice with honey	sie sollte heißen Zitronensaft mit Honig trinken
he shouldn't be at work	er sollte nicht bei der Arbeit sein
take a tablet every hour	jede Stunde eine Tablette nehmen
you should stay at home	du solltest zu Hause bleiben
go to bed	ins Bett gehen, schlafen gehen
take an aspirin	eine Kopfschmerztablette nehmen

C2
I've got a cold — ich bin erkältet
I've got a temperature — ich habe Fieber

D Too much work
too much work — zu viel Arbeit

D1
the British — die Briten
are you busy? — hast du viel zu tun? Sind Sie beschäftigt?
busy — beschäftigt
enough time for your hobbies — genug Zeit für deine/Ihre Hobbys
enough — genug

Not so cool Britannia — Britannien, doch nichz so „cool"
shocking — erschreckend
too many hours — zu viele Stunden
a balance between home and work — ein Gleichgewicht zwischen Privatleben und Arbeit
working women — berufstätige Frauen
their lives are too busy — sie sind zu beschäftigt
too — zu
the day isn't long enough — der Tag ist nicht lang genug
they're too tired — sie sind zu müde
tired — müde

Great Britain — Grossbritannien
Northern Ireland — Nordirland

D2
how to reduce stress — wie man Stress verringert
yoga — Yoga
tai chi — Tai Chi
eat "colours" — iss / essen Sie "Farben"
evening school — Abendschule, Volkshochschule

D3
go out with friends — mit Freunden ausgehen
smoke a cigarette — eine Zigarette rauchen
do yoga — Yoga machen
take a hot bath — ein heißes Bad nehmen

E Eat "colours"

E1
purple	lila

E3
plum	Pflaume

E4
power	Kraft
memory	Gedächtnis, Erinnerung
heart	Herz
tooth, *pl.* teeth	Zahn, Zähne
colours of the rainbow	Farben des Regenbogens
energy	Energie

E5
tomato salad	Tomatensalat

F Dear Irma …

F1
I feel tired all the time	ich fühle mich die ganze Zeit müde
I'm still tired	ich bin immer noch müde
I'm 21 years old	ich bin 21 Jahre alt
I'm a student of mathematics	ich bin Mathematikstudent/in
normal	normal
life is not only worries	das Leben besteht nicht nur aus Sorgen

H Homestudy

H1
across	waagrecht (im Kreuzworträtsel)
smell	riechen
the top round part of your body	das oberste runde Teil deines Körpers
down	senkrecht (im Kreuzworträtsel)
finger	Finger

H2
face — Gesicht

H4
alcohol — Alkohol

H5
unhealthy — ungesund

H6
sit in front of the TV — vor dem Fernseher sitzen
less than six hours — weniger als sechs Stunden

H8
cough medicine — Hustenmittel

H10
I've got a toothache — ich habe Zahnschmerzen
go to a dentist — zu einem Zahnarzt gehen
school bus — Schulbus

H12
come late — zu spät kommen

H14
exam — Prüfung
difficult — schwierig
watch — Armbanduhr
ring — Ring

H15
soft — weich

H16
relaxation technique — Entspannungstechnik
massage — Massage
acupuncture — Akupunktur
try — ausprobieren
therapy — Behandlung, Therapie
because of backaches — wegen Rückenschmerzen
sleeping problems — Schlafprobleme
up to five million people — bis zu fünf Millionen Menschen

Consolidation 4

find out	herausfinden
rules	(Spiel-)Regeln
in groups of three or four	in Dreier- oder Vierergruppen
player	Spieler/in
object	Gegenstand
marker	Markierung, hier: Spielstein
coin	Münze
move the number of squares on the dice	rücken Sie die gewürfelte Anzahl der Felder vor
the square you land on	das Feld, auf dem Sie landen
sentence	Satz
give an example	nennen Sie ein Beispiel
decide whether your example is correct	entscheiden, ob Ihr Beispiel richtig ist
decide	entscheiden
until your next turn	bis Sie wieder an der Reihe sind
reach	erreichen
congratulations	herzlichen Glückwunsch
miss a turn	einmal aussetzen
go ahead	vorwärts gehen

Grammar *Grammatik*

Contents *Inhalt*

1. English sentences *Englische Satzarten* — 95
1.1 Sentence forms *Satzarten* — 95
1.2 Short answers *Kurzantworten* — 96
1.3 Short forms *Kurzformen* — 96

2. Verbs *Verben* — 97
2.1 Be — 97
  2.1.1 Present simple — 97
  2.1.2 Past simple — 98
  2.1.3 There is / There are — 99
2.2 Have — 100
  2.2.1 Present simple — 100
  2.2.2 Have got — 101
  2.2.3 Past simple — 102
2.3 Present simple — 103
2.4 Present continuous — 105
2.5 Past simple — 106
  2.5.1 Regular verbs *regelmäßige Verben* — 106
  2.5.2 Irregular verbs *unregelmäßige Verben* — 109
2.6 Modal verbs *Modalverben* — 110
  2.6.1 Can — 110
  2.6.2 Should — 110
2.7 Imperative *Befehlsform* — 111

3. Nouns, determiners and pronouns
Nomen, Begleiter und Pronomen — 111
3.1 Nouns *Nomen* — 111
3.2 Singular and plural *Einzahl und Mehrzahl* — 112
  3.2.1 Regular plurals *regelmäßige Mehrzahlformen* — 112
  3.2.2 Irregular plurals *unregelmäßige Mehrzahlformen* — 113
3.3 The indefinite article: a/an *Der unbestimmte Artikel* — 113
3.4 The definite article: the *Der bestimmte Artikel* — 114
3.5 Personal pronouns: *Personalpronomen* — 114
3.6 Possessives: *Besitzanzeigende Fürwörter* — 115
3.7 Possessive " 's " — 116
3.8 This/that, these/those — 116
3.9 Some/any — 117

3.10 Much / many / a lot	118
3.11 One / ones	118
3.12 Too / enough	119
3.13 Question words *Fragewörter*	119
3.13.1 When? / Where?	119
3.13.2 What ? / Who?	119
3.13.3 How?	120
3.13.4 Why?	120

4. Adjectives *Adjektive* — 120

4.1 Comparative form *Steigerungsform 1*	121
4.1.1 Short adjectives *Kurze Adjektive*	121
4.1.2 Long adjectives *Lange Adjektive*	121
4.1.3 Than	121
4.2 Superlative form *Steigerungsform 2*	122
4.2.1 Short adjectives *Kurze Adjektive*	122
4.2.2 Long adjectives *Lange Adjektive*	122

5. Adverbs and prepositions
Adverbien und Präpositionen — 123

5.1 Time *Zeit*	123
5.1.1 At / in / on	123
5.1.2 For / from … to / ago / after / before	123
5.1.3 Yesterday / today / tomorrow	124
5.2 Frequency *Häufigkeit*	124
5.3 Place *Ort*	125
5.3.1 Here / there	125
5.3.2 On / in / under, etc.	125
5.3.3 Directions *Richtungsangaben*	126

Phonetic table *Hinweise zur Aussprache* — 127

Grammar index *Alphabetisches Verzeichnis* — 128

Grammar

1. English sentences *Englische Satzarten*

1.1 Sentence forms *Satzarten*

Ein Satz ist eine Gruppe von Wörtern, die in der Regel aus einem **Verb** und einem **Subjekt** und weiteren möglichen Elementen besteht.

Wichtig: Im Englischen steht das Subjekt in einem bejahten Aussagesatz immer vor dem Verb.

Sehen Sie sich folgenden Satz an:
The man drinks the wine.

Auf Englisch gibt es nur diese eine Möglichkeit, den Satz sinnvoll zu schreiben. Auf Deutsch hat man dafür zwei Möglichkeiten:
Der Mann trinkt den Wein.
Den Wein trinkt der Mann.

Vergleichen Sie auch:
In the morning **I drink** coffee.
Morgens **trinke ich** Kaffee.

Fragen und verneinte Aussagesätze im Englischen sind nicht immer ganz einfach.

Wie im Deutschen:

She is	Is she?	She isn't / is not
Sie ist	Ist sie?	Sie ist nicht
She can	Can she?	She can't / cannot
Sie kann	Kann sie?	Sie kann nicht

Anders als im Deutschen:

She drinks tea.	**Does** she drink tea?	She **doesn't / does not** drink tea.
Sie trinkt Tee	Trinkt sie Tee?	Sie trinkt nicht Tee.
He play**ed** golf.	**Did** he play golf?	He **didn't** play golf.
Er hat Golf gespielt.	Hat er Golf gespielt?	Er hat nicht Golf gespielt.

1.2 Short answers *Kurzantworten*

Typisch für das Englische sind Kurzantworten, die man zusammen mit den Wörtern **yes** und **no** benutzt, z. B.:

Are you German? Yes, I am. / No, I'm not.
Do you speak English? Yes, I do.

Beachten Sie, dass die Kurzantworten wie ein Echo der Frage klingen.

Hier sind die wichtigsten Beispiele, die Sie im **NEXT-A1**-Kurs finden können:

Are you ...?	Yes, I am.	No, I'm not.
Is he/she/it ...?	Yes, he/she/it is.	No, he/she/it isn't.
Is there ...?	Yes, there is.	No, there isn't.
Are there ...?	Yes, there are.	No, there aren't.
Were you ...?	Yes, I was.	No, I wasn't.
Was he/she/it ...?	Yes, he/she/it was.	No, he/she/it wasn't.
Can you ...?	Yes, I can.	No, I can't.
Do you (speak) ...?	Yes, I do.	No, I don't.
Does he/she ...?	Yes, he/she does.	No, he/she doesn't.
Do you have ...?	Yes, I do.	No, I don't.
Does he/she/it have ...?	Yes he/she/it does.	No, he/she/it doesn't.
Did you (play) ...?	Yes, I did.	No, I didn't.
Did he/she/it (play) ...?	Yes, he/she/it did.	No, he/she/it didn't.

1.3 Short forms *Kurzformen*

In informellen Situationen werden Sätze oft abgekürzt. Zwei Beispiele aus dem A1-Kurs:

Kurzform	Vollständiger Satz	
(Where are you from?) – Italy.	I'm from Italy.	*Unit 1, C5*
Loved the beaches.	I loved the beaches.	*Unit 6, C4*
(How do you feel?) – Terrible.	I feel terrible.	*Unit 12, C1a*

Grammar

2. Verbs *Verben*

2.1 Be
2.1.1 Present simple

I**'m** Laura.	*Unit 1, B2*
My name**'s** Laura. It**'s not** Amy.	*Unit 1, B2*
Andy**'s** Scottish. He **isn't** German.	*Unit 2, A2a*
Where **are** you from?	*Unit 1, B2*
We**'re** eight students in the class.	*Unit 1, D3b*

Aussagesatz

I	'm / am
he	's / is
she	's / is
it	's / is

we	're / are
you	're / are
they	're / are

▲ Die Wörter **they're**, **there** und **their** werden gleich ausgesprochen.
Vorsicht: Missverständnisse sind möglich!

Verneinter Aussagesatz

I	'm not / am not
he	isn't / 's not / is not
she	isn't / 's not / is not
it	isn't / 's not / is not

we	aren't / 're not / are not
you	aren't / 're not / are not
they	aren't / 're not / are not

Fragesatz

am	I?
is	he?
is	she?
is	it?

are	we?
are	you?
are	they?

Bejahte Kurzantworten

	I	am.
	he	is.
	she	is.
Yes,	it	is.
	we	are.
	you	are.
	they	are.

Verneinte Kurzantworten

	I	'm not. / am not.
	he	isn't. / 's not. / is not.
	she	isn't. / 's not. / is not.
No,	it	isn't. / 's not. / is not.
	we	aren't. / 're not. / are not.
	you	aren't. / 're not. / are not.
	they	aren't. / 're not. / are not.

2.1.2 Past simple

Yesterday **was** a beautiful day. It **was** hot and sunny. *Unit 5, A3b*
What **was** the weather like? **Was** it sunny? – No, it **wasn't**. *Unit 5, A3c*
Marcello and his wife **weren't** in the hotel in the afternoon. *Unit 5, B1b*
Were you born here, Marcello? *Unit 5, B1b*

Bejahter Aussagesatz

I	was
he	was
she	was
it	was

we	were
you	were
they	were

Verneinter Aussagesatz

I	wasn't / was not
he	wasn't / was not
she	wasn't / was not
it	wasn't / was not

we	weren't / were not
you	weren't / were not
they	weren't / were not

Fragesatz

was	I?
was	he?
was	she?
was	it?

were	we?
were	you?
were	they?

Bejahte Kurzantworten

	I	was.
	he	was.
	she	was.
Yes,	it	was.
	we	were.
	you	were.
	they	were.

Verneinte Kurzantworten

	I	wasn't. / was not.
	he	wasn't. / was not.
	she	wasn't. / was not.
No,	it	wasn't. / was not.
	we	weren't. / were not.
	you	weren't. / were not.
	they	weren't. / were not.

2.1.3 There is / There are

There's a beautiful park in my town.	*Unit 8, A2a*
There are lots of shops and restaurants.	*Unit 8, A2a*
Is there a lot of noise where you live?	*Unit 8, A2b*
Are there many shops?	*Unit 8, A2b*

There is / there are entspricht etwa den Ausdrücken „es gibt" oder „es ist / es sind" im Deutschen.

There is wird mit einem Nomen in der Einzahl gebraucht:
There's **a lamp** on the table.
Und **there are** folgt ein Nomen in der Mehrzahl:
There are **two lamps** on the table.

In der gesprochenen Sprache (Umgangssprache) benutzt man jedoch sehr oft nur **there is**, und zwar mit der Mehrzahl wie auch mit der Einzahl des Nomens:
There's **hundreds** of people in there.

Bejahter Aussagesatz

There's (a park in the town.)	There are (a lot of shops.)

Verneinter Aussagesatz

There isn't (much noise.)	There aren't (many shops.)

Fragesatz

Is there (a museum)?	Are there (many restaurants)?

Bejahte Kurzantworten

| Yes, | there is. |
| | there are. |

Verneinte Kurzantworten

| No, | there isn't. / 's not. / is not. |
| | there aren't. / 're not. / are not. |

2.2 Have
2.2.1 Present simple

I always **have** tea for breakfast.   Unit 3, D2c
What **do** you **have** for breakfast?   Unit 3, D2b
Sabine always **has** toast and marmalade.   Unit 3, D2c

Bejahter Aussagesatz

I	have
you	have
we	have
they	have

he	has
she	has
it	has

Verneinter Aussagesatz

I	don't / do not have
you	don't / do not have
we	don't / do not have
they	don't / do not have

he	doesn't / does not have
she	doesn't / does not have
it	doesn't / does not have

Fragesatz

Do	I / you / we / they	have ...?

Does	he / she / it	have ...?

Bejahte Kurzantworten

Yes,	I / you / we / they	do.
	he / she / it	does.

Verneinte Kurzantworten

No,	I / you / we / they	don't. / do not.
	he / she / it	doesn't. / does not.

Fragen und Antworten

▲ Achtung bei der Frageform und der Kurzantwort auf Englisch:
   Do you have a car? / **Haben** Sie ein Auto?
   Yes, I **do**. / Ja, **habe** ich.

2.2.2 Have got

Mandy's got blonde hair. *Unit 7, A3b*
Have you **got** a brother?
Geoff **hasn't got** glasses. *Unit 7, A3b*

Have got bzw. **has got** ist eine andere Art, **have** bzw. **has** zu sagen. Diese Form wird in Großbritannien häufig, in den USA eher seltener gebraucht.

Bejahter Aussagesatz

I	've / have got
you	've / have got
we	've / have got
they	've / have got

he	's / has got
she	's / has got
it	's / has got

Verneinter Aussagesatz

I	haven't / have not got
you	haven't / have not got
we	haven't / have not got
they	haven't / have not got

he	hasn't / has not got
she	hasn't / has not got
it	hasn't / has not got

Fragesatz

Have	I	got ...?
Have	you	got ...?
Have	we	got ...?
Have	they	got ...?

Has	he	got ...?
Has	she	got ...?
Has	it	got ...?

Bejahte Kurzantworten

Yes,	I / you / we / they	have.
	he / she / it	has.

Verneinte Kurzantworten

No,	I / you / we / they	haven't. / have not.
	he / she / it	hasn't. / has not.

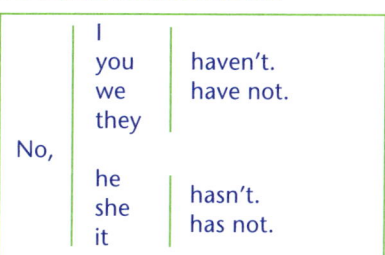

2.2.3 Past simple

Marcello's wife **had** a job in the same hotel. *Unit 5, C3a*
Did you have good food in Rockport? – No, I **didn't**. *Unit 6, C1b*

Bejahter Aussagesatz

I	had
you	had
we	had
they	had

he	had
she	had
it	had

Verneinter Aussagesatz

I	didn't / did not have
you	didn't / did not have
we	didn't / did not have
they	didn't / did not have

he	didn't / did not have
she	didn't / did not have
it	didn't / did not have

Fragesatz

Did	I / you / he / she	have ...?

Did	it / we / they	have ...?

Bejahte Kurzantworten

Yes,	I / you / he / she / it / we / they	did.

Verneinte Kurzantworten

No,	I / you / he / she / it / we / they	didn't / did not.

Fragen und Antworten
Achtung bei der Frageform und der Kurzantwort auf Englisch:

Did you **have** a good holiday? **Haben** Sie schöne Ferien **gehabt**?
Yes, I **did**. Ja, **habe** ich.

2.3 Present simple

Deirdre **works** in Hamburg.	*Unit 2, A2d*
Do you **like** fish? – Yes, I **do**, but I **don't like** meat.	*Unit 3, B2a-b*
When **do** you **get** up?	*Unit 4, B4b*
Does he **work** in an office? – No, he **doesn't**.	*Unit 4, C1*
Steve **doesn't work** in Florida.	*Unit 4, C4*
Yumiko **likes** her new apartment.	*Unit 8, D4*
How often **do** you **eat** in restaurants?	*Unit 9, B5*
What time **does** the train leave? – (It **leaves** at) 15:21.	*Unit 10, C2a*

Das **present simple** wird folgendermaßen gebraucht:
- für **regelmäßige Handlungen**, zum Beispiel, wenn man seinen Tagesablauf oder seine Arbeit beschreibt (I work in a hospital.),
- für **Stundenpläne**, zum Beispiel, wenn man über Reiseinformationen spricht (The next train leaves at 15.20.),
- um **Vorlieben, Meinungen** usw. auszudrücken (I like skiing holidays.).

Um regelmäßige Handlungen zu beschreiben, findet man das **present simple** oft zusammen mit folgenden Zeitausdrücken:

- I **always** have tea for breakfast. I **never** have coffee.
- **How often** do you eat in restaurants? – **Once a month**.
- He goes to the cinema **every** Friday.

→ Siehe 5.2

Bejahter Aussagesatz

I	work ...
you	come ...
we	watch ...
they	go ...

he	works ...
she	comes ...
it	watches ...
	goes ...

Nach **he, she, it** wird ein -s ans Verb angehängt bzw. ein **-es**, wenn das Verb auf **s, sh, ch** und **o** endet.
Bei Verben, die mit einem Konsonanten + **-y** enden (z. B. marr**y**), wird anstelle des **-y** ein **-ies** angehängt, z. B.: marr**ies**. Beachten Sie aber: pla**ys** (Vokal + -y).

→ Vergleichen Sie 2.2, das Verb **have**.

Aussprache
Die Endung -s bei Verben, die auf einen der Buchstaben **p, k, t** oder **f** enden, wird wie „ss" in W**a**sser /s/ ausgesprochen.
Sonst wird das -s wie „s" in S**ee** /z/ ausgesprochen.

Bei Verben, die auf den Laut -s (z. B. dance), -sh, oder -ch enden, wird das -es wie eine zusätzliche Silbe /ɪz/ ausgesprochen. Vergleichen Sie die Rechtschreib- und Ausspracheregeln für die **past simple**-Form (S. 107) und die Mehrzahl von Nomen (S. 112–113).

Verneinter Aussagesatz

I you we they	do not don't	work … come … watch … go …

he she it	does not doesn't	work … come … watch … go …

Das Verb (3. Spalte) bleibt hier immer gleich. Die Endung -s bzw. -es nach **he, she, it** wird stattdessen an das Wort **do** angehängt: **does**.

| The train | go | es | to London |

| The train | do | es | n't | go | to London |

▲ Achtung Aussprache: **do** /duː/ und **does** /dʌz/

Fragesatz

Do	I you we they	work …? come …? watch …? go …?

Does	he she it	work …? come …? watch …? go …?

Das Verb (3. Spalte) bleibt auch hier immer gleich. Es gibt nur den Wechsel zwischen **do** und **does** (bei **he, she, it** folgt **does**).

Bejahte Kurzantworten

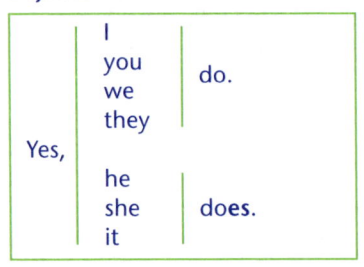

Yes,	I you we they	do.
	he she it	does.

Verneinte Kurzantworten

No,	I you we they	don't. do not.
	he she it	doesn't. does not.

2.4 Present continuous

What **are they doing** after lunch? Unit 11, A1
– They're **visiting** the sales department.
Is she going to Southampton next week? Unit 11, B1
– Yes, **she is**.
I'm meeting Annette on Friday evening. Unit 11, B3b

Present continuous with a future meaning
Present continuous mit Bezug auf die Zukunft

Im **NEXT A1-Kurs** wird das **present continuous** gebraucht, um über Verabredungen in der Zukunft zu sprechen. Die Frage

What are they doing after lunch?

ist eine Frage nach dem vorbereiteten Nachmittagsprogramm, etwa: „Was haben wir am Nachmittag für diese Leute organisiert?"

Form
Das **present continuous** besteht aus dem Verb **be** (siehe 2.1.1) und dem Hauptverb + **-ing**. Fragen und verneinte Sätze sind also einfach zu bilden.

Aussagesatz

I	'm / am visiting	we	're / are visiting
he	's / is visiting	you	're / are visiting
she	's / is visiting	they	're / are visiting
it	's / is visiting		

▲ Die Wörter **they're**, **there** und **their** werden gleich ausgesprochen. *Vorsicht:* Missverständnisse sind möglich!

Verneinter Aussagesatz

I	'm not / am not visiting	we	aren't / 're not / are not visiting
he	isn't / 's not / is not visiting	you	aren't / 're not / are not visiting
she	isn't / 's not / is not visiting	they	aren't / 're not / are not visiting
it	isn't / 's not / is not visiting		

Fragesatz

am	I visiting?		are	we visiting?
is	he visiting?		are	you visiting?
is	she visiting?		are	they visiting?
is	it visiting?			

Bejahte Kurzantwort

Yes,	I	am.
	he	
	she	is.
	it	
	you	
	we	are.
	they	

Verneinte Kurzantwort

No,	I	'm not. / am not.
	he	
	she	isn't. / 's not / is not.
	it	
	you	
	we	aren't. / 're not / are not.
	they	

Rechtschreibung

Das -e am Ende eines Verbs wie **come** fällt weg, wenn **-ing** angehängt wird:
come / coming   have / having   take / taking

2.5 Past simple
2.5.1 Regular verbs Regelmäßige Verben

Marcello **finished** school and **moved** to Zurich in 1984.   Unit 5, B2b
He **stayed** in Berne for six years.   Unit 5, B2b
Did you go sightseeing? – Yes, I **did**.   Unit 6, B3a
I **didn't like** the museum.   Unit 6, C1b

Das **past simple** wird gebraucht, um über abgeschlossene Handlungen in der Vergangenheit zu sprechen. Typischerweise begegnet man dem **past simple** mit Zeitpräpositionen und Zeitadverbien z.b.:

Arthur went to Los Angeles **in** 1924.
Lee lived in Cambridge **from** 1979 **to** 1994.
25 years **ago** most Americans went to New York for a vacation.
What did you do **last weekend**?
What was the weather like **yesterday**?

Bejahter Aussagesatz

I	worked ...
you	played ...
he	wanted ...
she	danced ...

it	stopped ...
we	studied ...
they	lived ...

Für alle Personen (**I, you** usw.) wird ein -ed bzw. ein -d angehängt, um das **past simple** zu bilden. Diese Regel gilt aber nur für die regelmäßigen Verben: siehe 2.5.2 für die unregelmäßigen Verben und 2.2.3 für das **past simple** von **have**.

Aussprache
Die Endung -ed wird auf drei verschiedene Arten ausgesprochen, und zwar je nach dem vorangehenden Laut:
a) als /t/ nach **f, k, s, ce, ch, sh** oder **x** (z. B. worked, danced)
b) als /ɪd/ nach **d** oder **t** (z. b. wanted, started)
c) als /d/ in allen anderen Fällen (z. B. played, lived)

Rechtschreibung
a) Wenn das Verb mit einem Konsonanten + -**y** endet (z. B. marry), wird anstelle des -**y** ein -**ied** angehängt, z. B.: marr**ied**. (Siehe auch 2.3 und 3.2)
b) Wenn das Verb mit einem einzelnen Konsonanten endet (z. B. **p**), dem ein einzelner Vokal (z. B. **o**) vorausgeht, wird der letzte Konsonant (hier also das **p**) verdoppelt: sto**p** – sto**pped**.
Aber beachten Sie sta**rt** – sta**rt**ed (2 Konsonanten!), l**oo**k – l**oo**ked (2 Vokale!).
c) Wenn das Verb schon auf -**e** endet, wird nur noch -**d** angehängt (z. B. liv**e** – liv**ed**).

Verneinter Aussagesatz

I		work …
you		play …
he		finish …
she	didn't / did not	start …
it		work …
we		live …
they		stop …

In allen Personen wird für die Verneinung **did + not + Infinitiv** verwendet:
worked → did not work~~ed~~
Hier werden übrigens die unregelmäßigen Verben so gebeugt wie die regelmäßigen (siehe 2.5.2).

Fragesatz

	I	work …?
	you	play …?
	he	finish …?
Did	she	start …?
	it	work …?
	we	live …?
	they	stop …?

In allen Personen wird für die Frage **did + Infinitiv** verwendet:
she **worked** → **did** she work~~ed~~?
Die unregelmäßigen Verben funktionieren hier genau wie die regelmäßigen (siehe 2.5.2).

Bejahte Kurzantworten

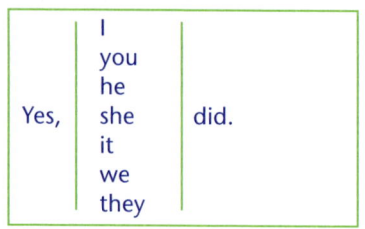

	I	
	you	
	he	
Yes,	she	did.
	it	
	we	
	they	

Verneinte Kurzantworten

	I	
	you	
	he	
No,	she	didn't / did not.
	it	
	we	
	they	

2.5.2 Irregular verbs *Unregelmäßige Verben*

"I love to work," he **said**. *Unit 5, D2a*
In 1924 he **went** to Los Angeles. He **got** a job
with the railway company. *Unit 5, D2a*
Where **did** they **go**? – They **went** to New York. *Unit 6, D2b*

Bejahter Aussagesatz
Sie müssen leider die unregelmäßigen Verben im **past simple** auswendig lernen. Manchmal werden Sie beobachten, dass es gewisse Ähnlichkeiten zwischen Deutsch und Englisch gibt, z. B. bei **come** – **came** (kommen – kam). Beachten Sie aber, dass es im Englischen auch bei den unregelmäßigen Verben immer nur *eine* Form für *alle* Personen gibt. Hier sind die unregelmäßigen Verben im **NEXT A1**-Kurs aufgelistet:

begin	began	get	got	see	saw
bring	brought	give	gave	send	sent
buy	bought	go	went	sing	sang
come	came	has/have	had	sit	sat
cost	cost	hear	heard	sleep	slept
do/does	did	know	knew	speak	spoke
drink	drank	leave	left	spend	spent
drive	drove	make	made	take	took
eat	ate	meet	met	teach	taught
feel	felt	put	put	tell	told
find	found	read	read	win	won
forget	forgot	say	said	write	wrote

Verneinter Aussagesatz und Fragesatz
Die Verneinung wird genau wie bei den regelmäßigen Verben gebildet, z. B.:

She **came** ...	She didn't **come** ...	(When) did she **come**?
They **went**	They didn't **go** ...	(When) did they **go**?
He **drank** ...	He didn't **drink** ...	(What) did he **drink**?

→ Siehe 2.5.1

Kurzantworten
Die Kurzantworten werden wie bei den regelmäßigen Verben gebildet.
→ Siehe 2.5.1

2.6 Modal verbs Modalverben

Im **Next A1**-Kurs kommen zwei Modalverben vor: **can** und **should**.

2.6.1 Can

Can you repeat that, please?	Unit 2, B6b
Can she speak German? No, she **can't**.	Unit 2, C2b
Can I have a little ice, please?	Unit 3, A4a
Can I speak to Yumiko Hashimoto, please?	Unit 8, B1b

Can entspricht im Deutschen etwa „können", manchmal auch „dürfen".
In **Next A1** wird **can** folgendermaßen gebraucht:
– um über Fähigkeiten zu sprechen: I can speak German. I can cook.
– um eine Bitte oder eine Anfrage zu äußern: Can you repeat that, please? Can I have ice, please? Can you tell me the way to the station? Can I speak to Yumiko, please?

Englische Modalverben wie **can** haben folgende Eigenschaften:
– Sie haben keine Endungen, z. B. **I can, you can, he can** usw. (kein –s!).
– Frageformen und Verneinungen werden durch einfaches Umstellen bzw. Ergänzen von **not** gebildet:

Can you repeat that, please?
I **can't** understand.

▲ **Can** + **not** wird als ein Wort geschrieben: **cannot**. Bei den anderen Modalverben ist dies nicht der Fall, zum Bespiel: **should not** (**shouldn't**).

– Sie werden immer mit einem anderen Verb (Grundform) verwendet, das direkt nach dem Modalverb steht:

He can **speak** English.	Er kann Englisch (sprechen).
Can I **have** a coke, please?	Eine Cola, bitte.

▲ **Aussprache**
can't: /ka:nt/ *(UK)*, /kaent/ *(US)*

2.6.2 Should

She **should** drink hot lemon juice with honey.	Unit 12, C1b
He **shouldn't** be at work.	Unit 12, C1b

Should wird in Next A1 gebraucht, um einen Rat zu geben oder einen Vorschlag zu machen:

You should go home.

In diesem Sinne entspricht **should** im Deutschen etwa „sollte".

Would in **would like** bzw. **'d like** ist auch ein Modalverb:

What **would** you **like**? – I **'d like** a coke.   *Unit 3, A4a*
What colour **would** you **like**?   *Unit 7, C3b*
Would like entspricht im Deutschen etwa „möchte" / „hätte gerne".

2.7 Imperative *Befehlsform*

Walk down the street and **turn** right.	*Unit 10, D1b*
Let's go for a drink.	*Unit 11, C1b*
Eat fruit. **Don't eat** fast food.	*Unit 12, B2b*
Move your body. **Don't smoke**.	*Unit 12, B2b*

Der **Imperativ** im Englischen
– hat nur eine Form, die Grundform (Infinitiv) des Verbs: Eat. Walk.
– wird nur mit einem Ausrufezeichen geschrieben, wenn man tatsächlich einen Befehl gibt. Vergleichen Sie:

Stop! *(Befehl)*
Turn right opposite the cinema. *(Anweisung)*
Eat fruit. *(Vor- oder Ratschlag)*
– Let's entspricht der „wir"-Form im Deutschen:

Let's (**Let us**) go for a drink. (Gehen wir etwas trinken!)

Die **verneinte Form** wird mit **don't** (**do not**) gebildet:

Don't eat fast food.

3. Nouns, determiners and pronouns
Nomen, Begleiter und Pronomen

3.1 Nouns *Nomen*

Die Wortart **noun** hat im Deutschen verschiedene Namen wie „Nomen", „Substantiv" oder „Hauptwort".
Die großen Unterschiede zwischen Nomen im Deutschen und **nouns** im Englischen sind die folgenden:
a) Im Deutschen werden Nomen immer großgeschrieben. Im Englischen dagegen werden nur Namen von Personen (Susan), Ländern (Germany), Sprachen (German), Städten (London) usw. großgeschrieben.

Sonst werden englische **nouns** kleingeschrieben: **book, table, house, love, money** usw.
b) Deutsche Nomen sind entweder männlich, weiblich oder sächlich. Englische **nouns** sind aber außer bei Personen <u>nicht</u> männlich, weiblich oder sächlich.

3.2 Singular and plural *Einzahl und Mehrzahl*

3.2.1 Regular plurals *Regelmäßige Mehrzahlformen*

student	students	*Unit 1, D2*
country	countries	
car	cars	
office	offices	
sandwich	sandwiches	

Man bildet die Mehrzahl im Englischen durch das Anhängen eines **-s** an die Einzahlform:
    one book   two books

Rechtschreibung und Aussprache
a) Die Aussprache des **-s** passt sich dem Endlaut des **noun** an.
Ein Wort wie **book** hat einen stimmlosen Laut /k/ am Ende: Das Mehrzahl **-s** wird als /s/ gesprochen.
Ein Wort wie **car** oder **day** endet mit einem stimmhaften Laut, und das Mehrzahl **-s** wird eher als /z/ gesprochen.
Endet das **noun** mit dem Laut /s/ wie **office**, wird die Mehrzahlendung /ɪz/ gesprochen: ɒfɪsɪz

b) Wenn das **noun** auf **-s, -sh, -x** oder **-ch** endet (wie **sandwich**), wird **-es** angehängt, und die Endung ebenfalls /ɪz/ gesprochen.

c) Bei **nouns**, die auf Konsonant + **-y** enden, wird anstelle des **-y** ein **-ies** angehängt:
    one country   three countries
    one family   two families
  aber: one boy   two boys (Vokal + -y!)

d) Wörter mit dem Endlaut /f/ verändern in der Mehrzahl die Schreibweise oft zu **-ves**:
    one wife   four wives

3.2.2 Irregular plurals *Unregelmäßige Mehrzahlformen*

child	children
man	men
woman	women

Es gibt nur wenige unregelmäßige Mehrzahlformen im Englischen. Im **NEXT A1**-Kurs finden Sie die folgenden:

one child	two **children** (Aussprache: /ˈtʃɪldrən/)
one man	two **men**
one woman	two **women** (Aussprache: /ˈwɪmɪn/)

Dazu kommen Wörter, die keine Mehrzahl oder keine Einzahl haben, z. B.:

ohne Mehrzahl: **money, food**   ohne Einzahl: **clothes, jeans**

3.3 The indefinite article: a/an *Der unbestimmte Artikel*

We have **a** computer room.	*Unit 1, D1*
Here's **an** email in English.	*Unit 1, D3b*
She's **a** singer.	*Unit 2, A3c*
He's **an** expert.	*Unit 2, A3c*

Der unbestimmte Artikel heißt im Englischen **a** oder **an** und entspricht dem deutschen „ein/eine" usw.
Es gibt auf Englisch zwei Formen: **a** und **an**:
– **a** verwendet man, wenn das nächste Wort mit einem Konsonanten beginnt, z. B. **b, f, s, t**:
a car
a big car

– **an** verwendet man, wenn das folgende Wort mit einem Vokal **(a, e, i, o, u)** beginnt:
an orange juice
an interesting book

Es gibt einige wenige Ausnahmen:
a Eu̱ropean Language Portfolio (weil das Wort „European" mit einem /j/-Laut beginnt);

▲ Margaret is **a** teacher. (Margaret ist Lehrerin.)
Sarah is **an** engineer. (Sarah ist Ingenieurin/Technikerin.)

▲ I work eight hours **a** day. (8 Stunden am Tag)
I do sport three times **a** week. (3-mal pro Woche)
60 kilometers **an** hour (60 km/h) → Siehe 5.2

3.4 The definite article: the *Der bestimmte Artikel*

We're eight students in **the** class. Unit 1, D3b
Andy is **the** manager of **the** Whisky Shop. Unit 2, A2a
Read **the** email.

Der bestimmte Artikel (**definite article**) heißt im Englischen **the**.
Er wird generell wie „der/die/das" im Deutschen verwendet.

Aussprache
Das Wort **the** wird auf zwei verschiedene Weisen ausgesprochen:
– als /ðiː/ vor Wörtern, denen der unbestimmte Artikel **an** vorangestellt
  werden kann (siehe S. 113), z. B.:
  the office   /ðiː ˈɒfɪs/
  the Italian student /ðiː ɪˈtæljən ˈstjuːdənt/
– als /ðə/ vor Wörtern, denen **a** vorangestellt werden kann, z. B.:
  the car   /ðə kɑː/
  the German book /ðə ˈdʒɜːmən bʊk/

▲ **Ländernamen**
Es gibt ein paar Länder, zu deren Namen der bestimmte Artikel gehört:
  the United Kingdom, the United States, the Czech Republic, the Ukraine.
Sonst haben Ländernamen keinen Artikel: Germany, France, usw.

3.5 Personal pronouns
Personalpronomen

Are **you** English? – Yes, I am.
Unit 1, C4
We have a computer room.
Unit 1, D1

*I love you, but you don't love me.
You love him and he loves you.*

Grammar

They're from Scotland.   Unit 2, D1b
Can you write it for me, please?   Unit 2, B6b
Join us for a whisky-tasting course.   Unit 2, D1b

Subject personal pronoun		Object personal pronoun	
I	ich	me	mich/mir
you	du/ihr/Sie	you	dich/dir/euch/Sie/Ihnen
he	er	him	ihn/ihm
she	sie (*Einzahl*)	her	sie/ihr (*Einzahl*)
it	es	it	es/ihm
we	wir	us	uns
they	sie (*Mehrzahl*)	them	sie/ihnen (*Mehrzahl*)

Subject personal pronouns geben Antwort auf die Frage „wer?".
Object personal pronouns antworten auf „wen?" oder „wem?".

a) Im Englischen macht man keinen Unterschied zwischen „du", „ihr" oder „Sie": **you** deckt Einzahl und Mehrzahl sowie alle Höflichkeitsformen ab.
b) **He** und **she** benutzt man nur für Personen. Für eine Sache oder ein Tier steht **it**. **They** dagegen steht sowohl für Personen als auch für Dinge und Tiere.
c) Beachten Sie in der Tabelle oben, dass das englische **me** sowohl „mich" als auch „mir" heißt. (Siehe auch **you, him** usw.)

▲ „**I**" wird fast immer großgeschrieben, auch mitten im Satz: „Yesterday **I** went to the cinema." Nur im E-Mail („e-mailing") oder der SMS („texting") wird „**I**" heutzutage oft kleingeschrieben (ähnlich wie das Kleinschreiben in deutschen E-Mails).

3.6 Possessives   *Besitzanzeigende Fürwörter*

My name's Laura. What's **your** name?   Unit 1, B2
Our school is in Dublin.   Unit 1, D1
Her name's Deirdre.   Unit 2, A2a
This is Andy. **His** wife is German.   Unit 2, A2a
Their shop is in Hamburg.   Unit 2, D1b

Subject personal pronoun		Possessives	
I	ich	my	mein usw.
you	du/ihr/Sie	your	dein, euer, Ihr usw.
he	er	his	sein usw.
she	sie *(Einzahl)*	her	ihr usw.
it	es	its	sein usw.
we	wir	our	unser usw.
they	sie *(Mehrzahl)*	their	ihr usw.

Die englischen **possessives** haben keine Endungen, anders als die deutschen Possessivpronomen:

My father lives in Hamburg. (**mein** Vater)
My mother lives in Berlin. (**meine** Mutter)
I see **my** father in the holidays. (**meinen** Vater)

▲ Beachten Sie den Unterschied:
It's a beautiful day. (= It is)
This is my favourite book. **Its** name is "The Alchemist". (possessive)

3.7 Possessive " 's "

Jeremy is Linda's husband.   Unit 7, A2b
Joseph was John's father.   Unit 7, B1c

Das 's zeigt den Besitz an. Man sagt **Jeremy is Linda's husband**. (Nicht: ~~Jeremy is the husband of Linda~~.). Im Unterschied zum Deutschen muss ein Apostroph gesetzt werden.

3.8 This/that, these/those

This book is blue. **That** book is green.   Unit 7, D4
I like **these** glasses. I don't like **those** glasses.   Unit 7, D4

This wird für eine Person oder Sache gebraucht, die sich nahe beim Sprechenden befindet. **That** sagt man, wenn etwas weiter weg ist. Die Mehrzahl von **this** ist **these**, die Mehrzahl von **that** ist **those**.

This/that, these/those können auch alleine als Pronomen gebraucht werden:

Hello, **this** is John Baker. (am Telefon)   Unit 8, B1b
Hi, I'm Emma, and **this** is Sue. (eine Person vorstellen)

3.9 Some / any

They have **some** nice restaurants.	Unit 9, A3b
They don't have **any** clubs.	Unit 9, A3b
I spent **some** money on entertainment.	Unit 9, B2

Man verwendet **some** und **any**, um von einer begrenzten Anzahl (some nice restaurants) oder einer begrenzten Menge (some money) zu sprechen. Im Deutschen gibt es keine Ausdrücke, die diesen Wörtern genau entsprechen. „Etwas" für eine Menge, „einige" für eine Anzahl sind mögliche Übersetzungen, aber in der Regel werden **some** und **any** gar nicht übersetzt. (Zum Beispiel: „Es gibt dort schöne Restaurants." / „Bring Geld mit."). Auch im Englischen lassen sich diese Ausdrücke manchmal vermeiden, siehe die folgenden Beispiele aus der Unit 3:

> I have toast and marmalade for breakfast.
> *Ich esse Toast und Orangenmarmelade zum Frühstück.*
>
> Would you like ketchup?
> *Möchten Sie Ketchup?*

Man könnte aber auch sagen:

> I have some toast and marmalade for breakfast.
> *Ich esse (etwas) Toast und Marmelade zum Frühstück.*
>
> Would you like some ketchup?
> *Möchten Sie (etwas) Ketchup (dazu)?*

In den beiden letzten Beispielen liegt der Schwerpunkt mehr auf der begrenzten Menge als in den ersten Beispielen.

In jedem Fall wird **some** in solchen Sätzen nie betont. **Some** wird hier fast wie /sm/ ausgesprochen.

Some wird in **Aussagesätzen** gebraucht:

There are **some** nice restaurants in the town.
I'd like **some** coffee, please.

Any wird in Zusammenhang mit **not** in **verneinten Aussagesätzen** gebraucht:

There aren't **any** clubs.	Es gibt keine Clubs.
I don't have **any** money.	Ich habe kein Geld.

3.10 Much / many / a lot

How **many** shops are there? – **A lot.**	Unit 8, A2b
How **much** noise is there? – Not **much.**	Unit 8, A2b
How **much** is a ticket?	Unit 9, D3b
How **much** are the most expensive tickets?	Unit 9, D3b

Much und **many** entsprechen im Deutschen etwa „viel/e". **How much** ...? entspricht „Wie viel ...?", **How many** ...? „Wie viele ...?".

A lot (of) oder **lots of** ersetzen sowohl **much** als auch **many**, vor allem in Aussagesätzen, zum Beispiel:

We visited a lot of museums.	Unit 6, C4
There are a lot (of shops).	Unit 8, A2
lots of small shops	Unit 9, A1

A lot kann auch alleine im Sinne von „viel" oder „sehr" gebraucht werden:

I like her a lot.	Unit 7, D5a
Ich mag sie sehr.	

Wenn man nach einem Preis fragen will, gebraucht man **How much**:

> **How much** is a ticket?
> **How much** are the tickets?

→ Siehe auch 3.12 für **too much/many**.

3.11 One / ones

I don't like this t-shirt but I like that **one**.	Unit 7, C3b
The red t-shirt is more expensive than the blue **one**.	Unit 7, D3
The black shoes look more comfortable than the white **ones**.	Unit 7, D4

One und **ones** stehen anstelle eines Nomens, um dessen Wiederholung zu vermeiden. In den ersten beiden Beispielen steht **one** für das Nomen **t-shirt**. Im dritten Beispiel steht **ones** anstelle von **shoes**. Im Deutschen steht hier normalerweise nichts, vergleiche:
„Das rote T-Shirt ist teurer als das blaue."

3.12 Too / enough

Are you **too** tired?	Unit 12, D1
Do you have **too much** work?	Unit 12, D1
People work **too many** hours.	Unit 12, D1
They don't have **enough** time for their children.	Unit 12, D1
The day isn't long **enough**.	Unit 12, D1

Wie das Wort „zu" im Deutschen kann **too** vor einem Adjektiv stehen:

Would you like to go to the cinema?
– No, I'm too tired. *(Ich bin zu müde.)*

Too steht auch vor **much** und **many** im Sinne von „zu viel" oder „zu viele".

I didn't like the party.
There were **too** many people there. *(zu viele Leute)*
I have **too** much work. I can't do it. *(zu viel Arbeit)*

Enough entspricht im Deutschen „genug". Und wie „genug" steht **enough** vor einem Nomen, aber nach einem Adjektiv:

They don't have enough time. *(nicht genug Zeit)*
The day isn't long enough. *(nicht lang genug)*

3.13 Question words *Fragewörter*

3.13.1 When?/where?

Where are you from?	Unit 1, B2
Where did they go?	Unit 6, D3b
When do you get up?	Unit 4, B4b

Das Fragewort steht zuerst, dann folgt der restliche Satz in der Frageform.

3.13.2 What?/who?

What's your name?	Unit 1, B2
What's your phone number?	Unit 2, B3
What would you like?	Unit 3, A4a
What time is it?	Unit 4, A2a
What do you do in the evening?	Unit 4, B4b
What was the weather like?	Unit 5, A3c
What do you do?	Unit 8, D1b

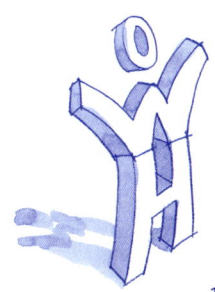

> "**What?**" kann „was?" oder „welcher/welche/welches?" heißen.
>
> ▲ **When?** heißt „wann?" oder „um wieviel Uhr?"
> **Where?** heißt „wo?" und nicht „wer?"!
> **Who?** heißt „wer?"!
>
> ▲ Beachten Sie die folgenden englischen Fragestellungen, die sich von den deutschen unterscheiden:
> What time is it? Wie spät ist es?
> What do you do? Was machen Sie beruflich?
> What was the weather like? Wie war das Wetter?

3.13.3 How?

How are you?		
How many shops are there?	(wie viel/e)	Unit 8, A2b
How much noise is there?	(wie viel/e)	Unit 8, A2b
How often do you eat in restaurants?	(wie oft)	Unit 9, B5
How much is a ticket?	(wie viel)	Unit 9, D3b
How was the play?	(wie)	Unit 9, D4c
How do you feel?	(wie)	Unit 12, C1a

How entspricht im Deutschen in den meisten Fällen „wie".

3.13.4 Why?

Why do you like your apartment?   Unit 8, D4b

Why entspricht im Deutschen „warum". Eine Antwort auf die Frage why? kann **because**… („weil…") sein.

4. Adjectives *Adjektive*

It's a **nice** shop.	Unit 2, A2a
It isn't **big**.	Unit 2, A2a
They love **Scottish** food.	Unit 2, D1b
Yesterday was a **beautiful** day.	Unit 5, A3b
The weather was **beautiful**.	

Das **adjective** wird gebraucht, um eine Sache oder eine Person näher zu beschreiben. Anders als im Deutschen ändert sich die Form des Adjektivs im Englischen nicht. Schauen Sie sich die Beispiele oben noch einmal an: Im Deutschen hat das Adjektiv im ersten, dritten und vierten Beispielsatz eine Endung.

4.1 Comparative form *Steigerungsform 1*

I'm **taller than** Doris. *Unit 7, D1c*
The red T-shirt is **more expensive than** the blue one. *Unit 7, D3*

In den Beispielen oben werden immer zwei Dinge oder zwei Personen verglichen.

4.1.1 Short adjectives *Kurze Adjektive*

I'm **taller than** Doris.

Bei den meisten kurzen Adjektiven wird wie im Deutschen -**er** angehängt, wenn man zwei Dinge vergleicht.

tall	tall**er**
short	short**er**
cheap	cheap**er**
fast	fast**er**

Beachten Sie aber die folgenden Schreibregeln:

hot	ho**tt**er	easy	eas**i**er
big	bi**gg**er	heavy	heav**i**er
thin	thi**nn**er	pretty	prett**i**er

4.1.2 Long adjectives *Lange Adjektive*

The red T-shirt is **more expensive than** the blue one. *Unit 7, D3*

Lange Adjektive werden mit **more** gesteigert.

expensive	**more** expensive		difficult	**more** difficult
comfortable	**more** comfortable		interesting	**more** interesting

▲ Eine unregelmäßige Form:
good **better**

4.1.3 Than

Wenn man zwei Dinge vergleicht, folgt **than** auf die Steigerungsform:

I am taller **than** Doris.

4.2 Superlative form Steigerungsform 2

The **largest** passenger plane in the world is the A380.
Unit 10, A3a
The **most expensive** passenger ship in the world is Oasis of the Seas.
Unit 10, A3a

In diesen Beipielen werden Dinge mit allen anderen verglichen. Im ersten Beispielsatz wird z.b. das Flugzeug mit allen anderen Flugzeugen der Welt verglichen.

4.2.1 Short adjectives Kurze Adjektive

The **fastest** train in the world is French.

Bei den Adjektiven, deren **comparative** mit -er gebildet wird, wird der **superlative** mit the ...-est gebildet.

tall	tall**er**	the tall**est**
short	short**er**	the short**est**
cheap	cheap**er**	the cheap**est**
fast	fast**er**	the fast**est**

Beachten Sie die folgenden Schreibregeln:

hot	hot**ter**	the hot**test**
big	big**ger**	the big**gest**
thin	thin**ner**	the thin**nest**

easy	eas**ier**	the eas**iest**
heavy	heav**ier**	the heav**iest**
pretty	prett**ier**	the prett**iest**

4.2.2 Long adjectives Lange Adjektive

The **most expensive** passenger ship in the world is Oasis of the Seas.

Die **superlative**-Form langer Adjektive wird mit **the most** gebildet.

expensive	**more** expensive	**the most** expensive
difficult	**more** difficult	**the most** difficult
comfortable	**more** comfortable	**the most** comfortable
interesting	**more** interesting	**the most** interesting

▲ Die beiden Steigerungsformen von **good** sind:
good   better   the best

5. Adverbs and prepositions Adverbien und Präpositionen

5.1 Time Zeit

5.1.1 At / in / on

I get up **at** 7:30 **in** the morning.	*Unit 4, B2*
St Patrick's Day is **in** March.	*Unit 4, D4b*
St Patrick's Day is **on** March 17th.	*Unit 4, D4b*
Marcello moved to Zermatt **in** 1997.	*Unit 5, C4b*

At, in und **on** sind Präpositionen. Um Zeit und Datum anzugeben, werden sie folgendermaßen benutzt:
  at: für die Uhrzeit
  on: für den Tag
  in: für die Tageszeit, den Monat, die Jahreszeit, das Jahr
Die folgende Tabelle gibt Beispiele für diese und weitere Fälle.

at	on	in
7 o'clock	Monday	the morning
half past six	March 17th	March
the weekend (UK)	the weekend (US)	the summer
Christmas		1997
night		

▲ Beachten Sie die Unterschiede zum Deutschen! Zum Beispiel:
  I was born in 1997. *Ich bin 1997 geboren.* (keine Präposition)
→ Phrasebank, Seite 137

5.1.2 For / from ... to / ago / after / before

Marcello lived in Berne **for** 6 years.	*Unit 5, C4b*
He lived there **from** 1978 **to** 1984.	*Unit 5, C4b*
25 years **ago** their favourite place for a vacation was Las Vegas.	*Unit 6, D3a*
What are they doing **after** lunch?	*Unit 11, A1*

For wird für einen Zeitraum gebraucht (for 6 years) und **from ... to** für den Anfang und das Ende eines Zeitraums (from April to June).

Ago entspricht „vor" in Bezug auf einen Zeitraum, der von der Gegenwart in die Vergangenheit zurückreicht. Beachten Sie, dass **ago** nach dem Nomen steht:

  25 years ago   *vor 25 Jahren*

After entspricht im Deutschen „nach", **before** entspricht „vor".
Zum Beispiel:
Let's have a drink **before** the movie.

5.1.3 Yesterday / today / tomorrow etc.

I'm meeting my friend **tomorrow evening**. Unit 11, B3b
The visitors are coming here **next week**. Unit 11, B3b

Vergangenheit	Gegenwart	Zukunft
yesterday	today	tomorrow
yesterday evening	this evening	tomorrow evening
last Monday		this/next Monday
last week	this week	next week

5.2 Frequency   *Häufigkeit*

I **always** have tea for breakfast.	Unit 3, D1
I **never** have coffee.	Unit 3, D1
Steve comes to Lake Geneva **every summer**.	Unit 4, C2
How often do you eat in restaurants? – **Once a month**.	Unit 9, B5

Always und **never** sind Adverbien und geben Antwort auf die Frage **How often?** (Wie oft?). Beachten Sie ihre Stellung im Satz: vor dem Verb (anders als im Deutschen)! In Unit 3 begegnen Sie folgenden Adverbien:

always	sometimes	usually	never
immer	*manchmal*	*gewöhnlich*	*nie*

In Unit 9 und in Unit 12 kommen weitere Ausdrücke vor, die auf die Frage „Wie oft?" eine Antwort geben:

once a day	twice a week
einmal täglich	*zweimal in der Woche*
three times a month	many times a year
dreimal pro Monat	*mehrmals im Jahr*

every morning	every week	every year
jeden Morgen	*jede Woche*	*jedes Jahr*

5.3 Place Ort

5.3.1 Here / there

Here und **there** entsprechen im Deutschen den Wörtern „hier" bzw. „da" oder „dort". Sie geben Antwort auf die Frage **Where?** Der Unterschied zum Deutschen liegt darin, dass das Englische keinen Unterschied zwischen „wo", „wohin" und „woher" kennt. Alle drei können mit **where** übersetzt werden. Gleichermaßen gibt es keine Übersetzung von „dorthin" oder „hierher". **Here** und **there** sind für alle Fälle gut. Ganz einfach!

Merken Sie sich auch:

this one here   that one there

5.3.2 On / in / under etc.

Im **NEXT A1-Kurs** lernen Sie folgende Ortspräpositionen kennen:

on	in	under	next to	between	behind	opposite
in front of		in the corner of		in the middle of		

It's **on** the table.

It's **on** the wall.

It's **in** the box.

It's **under** the table.

It's **next to** the door.   It's **between** the door and the window.

▲ Beachten Sie, dass man **on** für alle Oberflächen verwendet: **on the table** (auf!), **on the wall** (an!).

5.3.3 Directions Richtungsangaben

Walk down the street and turn left.   *Unit 10, D2b*

In **NEXT A1-Kurs** Unit 10 begegnen Sie folgenden Ausdrücken:

Turn left.	↰
Turn right.	↱
It's on the left.	⬅
It's on the right.	➡
Walk down the street.	↑
Walk past …	⇈

Phonetic table
Hinweise zur Aussprache

Das folgende phonetische Alphabet für Englisch wird im **A1 Companion** gelegentlich benutzt, um Unterschiede in der Aussprache zu verdeutlichen. Alle Beispiele stammen aus **NEXT A1**.

ː	der vorangehende Laut ist lang		
ˈ	auf der folgenden Silbe liegt die Hauptbetonung		
ˌ	auf der folgenden Silbe liegt eine Nebenbetonung		
‿	die beiden Laute werden miteinander verbunden		
p	people	ɪ	six
b	bad	e	ten
t	ten	æ	man
d	day	ɒ	shop, what
k	café, kid, back	ʌ	under, son
g	good	ʊ	book
f	family	ə	about, teacher, German
v	very	iː	see, leave
θ	thanks	ɑː	armchair
ð	this	ɔː	order, warm, four
s	say, nice	uː	two, too, you
z	zero, please	ɜː	word
ʃ	she	eɪ	make, eight
ʒ	Asia	aɪ	like, right
h	have	ɔɪ	boy
tʃ	child	əʊ	OK, old, road
dʒ	Germany	aʊ	about, now
m	make	ʊə	tour
n	no	eə	where
ŋ	long, singer	ɪə	here
w	we, what		
r	read		
l	love		
j	yes		

Grammar index
Alphabetisches Verzeichnis zur Grammatik

a 113
a lot 118
adjective 120
　adjective comparative form 121
　adjective superlative form 122
Adjektive 120
Adjektive Steigerungsform 121, 122
adverb 123
　adverb time 123
　adverb frequency 124
　adverb place 125
　adverb directions 126
Adverb 123
　Adverb Zeit 123
　Adverb Häufigkeit 124
　Adverb Ort 125
　Adverb Richtungsangaben 126
after 124
ago 107, 123
always 103, 124
am 97
an 113
any 117
are 96, 97
article
　article indefinite 113
　article definite 114
Artikel
　Artikel unbestimmt 113
　Artikel bestimmt 114
at 123
be 97
　be present simple 97
　be past simple 98
Befehlsform 111
before 123
Begleiter 111
behind 125

besitzanzeigende Fürwörter 115
bestimmer Artikel 114
between 125
can 96
can 110
definite article 114
dein 115
determiner 111
dich 115
did 96, 108
dir 115
do 96, 103
du 115
Einzahl 112
enough 119
er 115
es gibt 99
euch 115
euer 116
every 103, 124
for 123
Frageworte 119
from ... to 123
haben 100
had 102
has 101
have 100
　have present simple 100
　have past simple 102
have got 101
he 115
her 115, 116
here 125
him 115
his 116
how 120
　how how often 120, 124
　how how much 118, 120
　how many 118,

120
how much 118, 119
how often? 103, 120, 124
I 115
ich 115
ihm 115
ihn 115
ihnen 115
Ihnen 115
ihr 115
Ihr 116
imperative 111
in 107, 123
in 123, 125
in front of 125
in the corner of 125
in the middle of 125
indefinite article 113
-ing 105
irregular plurals 113
irregular verb 109
is 96, 97
it 115
its 116
it's 116
Kurzantwort 96
kurze Adjektive 121, 122
Kurzform 96
lange Adjektive 121, 122
last (weekend) 107, 124
long adjectives 121, 122
lot 118
lots of 118
many 118, 119
Mehrzahl 112
mein 116
mich 115
mir 115
modal verb 110
Modalverb 110
much 118, 119, 120
my 116
never 103, 124

128

Grammar index

next to 125
Nomen 111
noun 111
object personal pronoun 115
on 123, 125
once a month 103, 124
one / ones 118
opposite 125
our 116
past simple 106
personal pronoun 114
Personalpronomen 114
plural 112
possessive 's 116
possessives 115
Präposition 123
  Präposition Zeit 123
  Präposition Häufigkeit 124
  Präposition Ort 125
  Präposition Richtungsangaben 126
preposition 123
  preposition time 124
  preposition frequency 124
  preposition place 125
  preposition directions 126
present continuous 105
present simple 103
Pronomen 111
pronoun 111
  pronoun personal 114
  pronoun subject 115
  pronoun object 115
question word 119
regelmäßige Mehrzahlformen 112
regelmäßige Verben 106
regular plurals 112
regular verbs 106
s 97, 99, 101, 116
Satzart 95
sein 97

sein, seine etc. 116
sentence 95
she 115
short adjective 121, 122
short answer 96
short form 96
should 110
Sie 115
sie 115
singular 112
some 117
subject personal pronoun 114
Subjekt 95
Substantiv 111
than 121
that 116
the 114
their 97
them 115
there 97, 99
there 125
there is/are 99
these 116
they 115
they're 97
this 116
those 116
today 124
tomorrow 124
too 119
unbestimmter Artikel 113
under 125
unregelmäßige Mehrzahlformen 113
unregelmäßige Verben 109
uns 115
unser 116
us 115
Verb 95
verb 97
Verb 97
wann 119
warum 120
was 120

was/were 96, 98
we 114, 115
wer 119
were 96, 98
what 119
when 119
where 119
who 119
why 120
wie 120
wir 115
wo 119
would like 111
yesterday 107, 124
you 115
your 116

Phrasebank
Wortschatz in Themengruppen

Classroom language — Englisch für den Unterricht

In class — *Im Unterricht*

Look at page 10.	Schauen Sie Seite 10 an.
Match the questions and answers.	Ordnen Sie die Fragen den Antworten zu.
Work in pairs.	Arbeiten Sie zu zweit.
Work in groups of three.	Arbeiten Sie zu dritt.
Complete the sentence.	Ergänzen Sie den Satz.
Number the sentences.	Bringen Sie die Sätze in die richtige Reihenfolge. (Nummerieren Sie die Sätze.)
Tick the correct answer.	Kreuzen Sie die richtige Antwort an.
Count the number of syllables.	Zählen Sie die Silben.
Check the spelling.	Überprüfen Sie die Rechtschreibung.

Questions in class — *Fragen im Unterricht*

Is that right?	Ist das richtig?
What page is it?	Welche Seite ist es?
What does this word mean?	Was bedeutet dieses Wort?
How do you say "Stuhl" in English?	Was heißt „Stuhl" auf Englisch?
What is "chair" in German?	Was heißt „chair" auf Deutsch?
How do you spell "chair"?	Wie schreibt/buchstabiert man „chair"?
What is the homework this week?	Welche Hausaufgabe gibt es diese Woche?

When you have problems — *Wenn Sie Schwierigkeiten haben*

I'm sorry, I don't understand.	Es tut mir leid, ich verstehe das nicht.
Can you say that again, please?	Können Sie das bitte wiederholen?
Can you write that, please?	Können Sie das bitte schreiben?
Can you repeat that, please?	Können Sie das bitte wiederholen?
Can you spell that, please?	Können Sie das bitte schreiben / buchstabieren?

Phrasebank

Hello and goodbye *Guten Tag und auf Wiedersehen*

First Meeting *Erstes Treffen* → Unit 1, 8

- Hi, I'm Jane.
- Hello, Jane. I'm Sue. And this is Emma.
- Hi, Emma.
...

- Hello, my name's Jerry Morton.
- Hi, Jerry. Nice to meet you. My name's Maria Garcia.
- Sorry, what's your name?
- Maria Garcia, that's G-A-R-C-I-A.
- Pleased to meet you, Maria. Where are you from, Maria?
- I'm from Mexico.
...

Exploring culture

Sowohl in formellen (z. B. im Beruf/Büro) wie in informellen Situationen (z. B. auf einer Party) werden im Englischen Vornamen benutzt. Dieser Sprachgebrauch bedeutet keine enge Beziehung zwischen den Gesprächspartnern: Man kann formell bleiben, auch wenn man Vornamen benutzt.

Meeting again
Wiedersehen
→ Unit 1, 2

- Hi, Sue. How are you?
- Fine, thanks, Jane. And you?
- Very well, thanks.

- Hello, Jerry. How are you?
- Not bad, thanks. Very busy. And you?
- Oh, I'm fine, thanks.

Saying goodbye
Verabschiedung
→ Unit 1, 2

- Nice to see you, Jane.
- Nice to see you, too.
- Have a nice evening!
- Thanks.
- Bye for now. See you later.
- Bye-bye, Sue.

- Nice to see you, Maria.
- Yes, see you next week?
- Yeah, that's right. Goodbye!

Good morning / Good afternoon / Good evening
Dies sind Ausdrücke zur Begrüßung.

Good night
Sie sagen **Good night**, wenn Sie sich spät abends/nachts von jemandem verabschieden.

Exploring culture

Als Antwort auf die Frage „**How are you?**" gibt es wie im Deutschen verschiedene Möglichkeiten von „gut" bis „schlecht":

Very well. / Fine. / OK. / Not bad. / Not too good.

Manchmal möchte man nicht deutlich sagen, dass es einem sehr gut oder sehr schlecht geht: Dann benutzt man im Englischen oft ein „understatement" wie „Not bad."

Ordering or buying something
Etwas bestellen oder kaufen

In a café or restaurant *In einem Café oder Restaurant* → Unit 3

Waiter: Are you ready to order?
Customer: Yes, I'd like a hamburger with chips, please.
Waiter: What would you like to drink?
Customer: Can I have a coke, please?

In a clothes shop *In einem Kleiderladen* → Unit 7

Shop assistant: Can I help you?
Customer: Yes, I like this T-shirt but I don't like the colour.
Shop assistant: Well, what colour would you like?
Customer: Blue, I think.
Shop assistant: Well, what about that one there?
Customer: Yes, that looks nice.
Shop assistant: What size would you like?
Customer: Large, please.

In a ticket office *Beim Kartenvorverkauf* → Unit 9

Ticket office: Hi, this is Lucy from Downtown Tickets. How can I help you?
Customer: Hi, I'd like some tickets for the concert next Saturday.
Ticket office: Yes, we have tickets.
Customer: Good. How much are they?
Ticket office: The cheapest ticket is $25.
Customer: And how much are the more expensive ones?
Ticket office: They're $35.
Customer: Then I'd like two tickets for 25, please.
Ticket office: OK, so two tickets for next Saturday. How would you like to pay?
Customer: Can I pay by credit card?
Ticket office: Of course. What's the name on the card?
Customer: …

Making suggestions and responding
→ Unit 9, 11, 12
Vorschläge machen und darauf reagieren

Jemanden einladen:
Would you like to go to a concert?

Etwas vorschlagen:
Why don't we go to the cinema?
Let's go to a restaurant.

Einen Rat geben:
You should drink hot lemon.

Positiv reagieren:
Yes, thanks.
Yes, that's a good idea.
Sure.
That's great.
Why not?

Ablehnen:
Sorry, but I can't.
I'd love to, but I can't.
I'm afraid I can't.

Telephone *Telefon*
→ Unit 8, 9

Informal
- Hello.
- Hello.
- Hi, is that Sue?
- Yes.
- Hi, this is Paula.
- Hi, Paula, how are you?
- I'm fine, thanks. I just thought I'd call because …
…
- That's a great idea! See you next weekend, then.
- OK, see you then. Bye now.
- Bye-bye Sue.

Business
- Worldinvest. Tokyo office.
- Can I speak to Yumiko Hashimoto, please?
- Yes, Yumiko Hashimoto speaking.
- Hello, Yumiko, this is John Baker from the Melbourne office in Australia.
- Oh, hello, Mr Baker.
- Oh, please call me John. I have …

Exploring culture
Beachten Sie:
This is John. – **Hier** ist John.
Is **that** Yumiko? – Spreche ich mit Yumiko?

Phrasebank

Numbers *Zahlen*   → Unit 2, 3, 4

0	zero, bei Telefonnummern auch „oh" (siehe S. 136)		
1	one	1st	first
2	two	2nd	second
3	three	3rd	third
4	four	4th	fourth
5	five	5th	fifth
6	six	6th	sixth
7	seven	7th	seventh
8	eight	8th	eighth
9	nine	9th	ninth
10	ten	10th	tenth
11	eleven	11th	eleventh
12	twelve	12th	twelfth
13	**thir**teen	13th	thirteenth
14	fourteen	14th	fourteenth
15	**fif**teen	15th	fifteenth
16	sixteen	16th	sixteenth
17	seventeen	17th	seventeenth
18	eighteen	18th	eighteenth
19	nineteen	19th	nineteenth
20	**twen**ty	20th	twentieth
21	twenty-one	21st	twenty-first
22	twenty-two	22nd	twenty-second
23	twenty-three	23rd	twenty-third
30	**thir**ty	30th	thirtieth
40	**for**ty	40th	fortieth
50	**fif**ty	50th	fiftieth
60	sixty	60th	sixtieth
70	seventy	70th	seventieth
80	eighty	80th	eightieth
90	ninety	90th	ninetieth
100	(one/a) hundred	100th	(one) hundredth
101	one hundred and one	101st	(one) hundred and first
102	one hundred and two	102nd	(one) hundred and second
1000	(one/a) thousand	1000th	(one) thousandth
1000000	(one/a) million	1000000th	(one) millionth

Age *Alter*

My daughter is nine (years old).

Telephone numbers *Telefonnummern* → Unit 2

My number is oh one seven six, six eight five, three four two one. (0176 685 3421)
My mobile number is zero seven nine, one double seven, nine five two, double two four. (079 177 952 224)

Exploring culture
Beachten Sie, wie man auf Englisch die Zahlen gruppiert: Dreiergruppen, am Ende evtl. eine Vierergruppe.

What time is it? *Wie spät ist es?* → Unit 4

It's three o'clock.

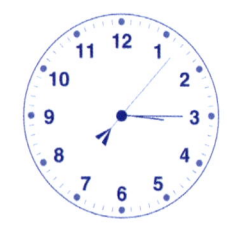

It's three fifteen.
It's (a) quarter past three (UK).
It's (a) quarter after three (US).

It's three twenty.
It's twenty past three. (UK)
It's twenty after three. (US)

It's three thirty.
It's half past three.

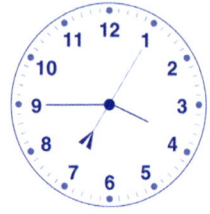

It's three forty-five.
It's (a) quarter to four.

It's three fifty.
It's ten to four. (UK)

Exploring culture

In den USA, zum Teil auch in Großbritannien, wird die Zeit in 12, nicht in 24 Stunden angegeben: Man sagt **two a.m.** für 02:00 und **two p.m.** für 14:00, wenn man präzisieren will. In diesem Fall entfällt der Ausdruck **o'clock**. Sonst sagt man auch zum Beispiel **I get up at 3 (o'clock) in the morning**.
Beachten Sie **in the morning, in the afternoon, in the evening** aber **at night**.
In Großbritannien wird die 24-stündige Uhr für Stundenpläne gebraucht, aber im Alltag hört man **a.m.** und **p.m.**. Die Bedeutung der Abkürzung ist „ante" bzw. „post meridiem", das heißt „vor" bzw. „nach Mittag" auf Latein.

→ Unit 10

at ...	on ...	in ...
at the weekend (UK)	on the weekend (US)	in the morning
at night	on the first day	in the afternoon
at the end of 2001	on Saturday morning	in the evening
		in 1998

Dates *Daten*

Days *Tage*

| Sunday | Monday | Tuesday | Wednesday | Thursday | Friday | Saturday |

Months *Monate* → Unit 4

| January | February | March | April | May | June | July | August |
| | September | October | November | December | | | |

Years *Jahre* → Unit 5

1997 – nineteen ninety-seven   2012 – twenty twelve

I was born **in** 1978.
I was born **in** May.
My birthday is **on** May 15th.
This year my birthday is **on** Tuesday.

Exploring culture

Die Amerikaner und die Europäer schreiben das Datum in umgekehrter Reihenfolge. Die Amerikaner reden vom „9/11" während die Briten und die übrigen Europäer dieses Datum als „11/9" oder „11.9." schreiben.
Das Geburtsdatum oben kann man sogar als 1978/5/15 statt 15.5.1978 schreiben. Mündlich kann man das Datum auf zweierlei Weise ausdrücken:

My birthday is **on the fifteenth of May**.
My birthday is **on May the fifteenth**.

→ Grammar, 5.1

My curriculum vitae
Mein Lebenslauf

→ Unit 5

Orientieren Sie sich an den folgenden beiden Modellen, um Ihren eigenen Lebenslauf zu notieren bzw. erzählen.

Personal information

Surname(s)	Rossi
First name(s)	Marcello
Address	Hotel Monte, CH 3920 Zermatt, Switzerland
Telephone	+41 (0)27 966 0011
Fax	+41 (0)27 966 0012
Email	info@hotelmonte.ch
Date of birth	12.10.1968
Place of birth	Lugano, Switzerland

Work experience

1997 – now	Hotel Monte, Zermatt
1987 – 1996	Swissotel Zurich

Education and training

1974 – 1979	primary school, Lugano and Berne
1979 – 1984	secondary school, Berne
1984 – 1986	hotel training college, Zurich

Phrasebank

> I was born in Lugano on 12th October, 1968. I went to primary school in Lugano. Then my family moved to Berne in 1979 and I finished primary school there. After that I went to secondary school in Berne. In 1984 I went to Zurich and did my training at the hotel training college. In 1987 I got a job at the Swissotel in Zurich and I worked there for 9 years. I got married in 1996 and my wife and I started work at the Hotel Monte in Zermatt in 1997.
>
> Marcello Rossi

What do you do?

Wenn Sie auf Englisch nach dem Beruf einer Person fragen, sagen Sie:

What do you do?

Die Antwort darauf kann sich auf die Berufsbezeichnung beziehen, zum Beispiel:

I'm a nurse. / I'm a teacher.

Oder man antwortet ganz einfach:

I work in a shop.
I work for Nestlé.

Family *Familie* → Unit 7

Katharine — Colin — Aunt Edith — Uncle Eric

Jenny — Alan — me — Mike — Judy

Rory — Emma — Megan — Simon

> Mike was my **husband**, but we're **divorced** now. Megan is our **daughter** and Simon is our **son**. Mike sees the **children** at the weekend. My **mother's** name is Katharine and my **father's** name is Colin. I have one uncle and aunt: Uncle Eric and Aunt Edith. The children see their **grandmother** and **grandfather** in the holidays. I have a **brother** – his name is Alan. His **wife** is Jenny. They have two children. Rory is my **nephew** and Emma is my **niece**. Megan and Simon like their **cousins** very much. My **sister** isn't **married**. Her name's Judy.

Wie im Deutschen gibt es im Englischen auch informelle Varianten. Hier eine Auswahl:

mother:	mum/mummy (UK), mom/mommy (US)	father:	dad/daddy
grandmother:	grandma, granny	grandfather:	grandpa, granddad

British and American English
Britisches und amerikanisches Englisch

Briten und Amerikaner sprechen zwei Dialekte derselben Sprache. Die großen Unterschiede, die im **NEXT A1-Kurs** vorkommen, sind unten aufgelistet.

Aussprache
Es sind vor allem die Vokale, die den Unterschied machen, aber auch gewisse Konsonanten wir ‚r' und ‚t' in einem Wort wie ‚water' und die Satzmelodie variieren. Auf den CDs von **English NEXT** hören sie viele Beispiele für beide Aussprachevarianten. Vergessen Sie aber nicht, dass es wie im Deutschen viele weitere regionale Unterschiede in der Aussprache gibt.

Wortschatz
Briten und Amerikaner haben zum Teil unterschiedliche Wörter für die gleiche Sache. In **Next A1** machen wir Sie auf einige Wortpaare aufmerksam:

UK:	mobile phone	chips	holiday	post
US:	cell phone	(french) fries	vacation	mail

Rechtschreibung
Es gibt einige regelmäßige Unterschiede zwischen „UK" und „US". Im A1-Students Book begegnen Sie folgenden:

UK:	fav**ou**rite	col**our**	cent**re**	theat**re**
US:	fav**o**rite	col**or**	cent**er**	theat**er**

Kultur
Schließlich gibt es natürlich gewisse landeskundliche Unterschiede. Im **NEXT A1-Kurs** lernen Sie folgende kennen:
a) die zwei Währungen: £ (pounds and pence/p) und $ (dollars / cents)
b) Zeitangaben: a.m./p.m. wird in den USA grundsätzlich, in Großbritannien zum Teil benutzt (siehe Seite 137)
c) Datumsangaben: 28.12.2003 (UK), 12/28/2003 (US) (siehe Seite 138)

Englisch: die Weltsprache
Es gibt noch viele Varianten des Englischen auf der Welt. In Ländern wie Australien haben die meisten Menschen Englisch als ihre erste Sprache. Es gibt aber andere Länder wie Indien, wo Englisch eine offizielle, aber Zweitsprache ist. Daneben wird in vielen Ländern Englisch von Geschäftsleuten, Touristen usw. als globale Sprache gebraucht. In **English NEXT** versuchen wir, Ihnen diese Vielfalt näher zu bringen.

Countries, nationalities, languages → Unit 1
Länder, Nationalitäten, Sprachen

Sie können diese Tabelle ergänzen.

Land	Nationalität	Sprache(n)	Übersetzung des Landesnamens
Australia	Australian	English	*Australien*
Austria	Austrian	German	*Österreich*
Belgium	Belgian	Flemish, French	*Belgien*
Canada	Canadian	English, French	*Kanada*
China	Chinese	Chinese	*China*
Czech Republic	Czech	Czech	*Tschechische Republik*
England	English	English	*England*
France	French	French	*Frankreich*
Germany	German	German	*Deutschland*
Great Britain / United Kingdom (UK)	British	English	*Großbritannien / Vereinigtes Königreich*
Greece	Greek	Greek	*Griechenland*
Ireland	Irish	English, Irish	*Irland*
Italy	Italian	Italian	*Italien*
Japan	Japanese	Japanese	*Japan*
New Zealand	New Zealander	English	*Neuseeland*
Poland	Polish	Polish	*Polen*
Portugal	Portuguese	Portuguese	*Portugal*
Russia	Russian	Russian	*Russland*
Scotland	Scottish	English, Gaelic	*Schottland*
Slovenia	Slovenian	Slovenian	*Slowenien*
Spain	Spanish	Spanish	*Spanien*
Switzerland	Swiss	(Swiss) German, French, Italian	*Schweiz*
The Netherlands / Holland	Dutch	Dutch	*Niederlande / Holland*

Phrasebank

Turkey	Turkish	Turkish	*Türkei*
Ukraine	Ukrainian	Ukrainian	*Ukraine*
United States of America (USA)	American	English	*Vereinigte Staaten*
Wales	Welsh	English, Welsh	*Wales*
___	___	___	___
___	___	___	___
___	___	___	___
___	___	___	___
___	___	___	___

Alle diese Wörter werden im Englischen großgeschrieben: Land, Nationalität und Sprache. Zum Beispiel:
I have a **German** car.

Exploring culture
Das Vereinigte Königreich (Großbritannien) besteht aus den folgenden Teilen: England, Northern Ireland, Scotland, Wales.

Exploring culture
Viele Länder haben zusätzlich mehrere offizielle Sprachen, die hier nicht aufgelistet werden: zum Beispiel Großbritannien (Welsh, Scottish Gaelic), Spanien (Basque, Catalan, Galician) oder die Schweiz (Romantsch / Rätoromanisch).

Einige englische Ländernamen brauchen wie im Deutschen den Artikel:
the Czech Republic, the Netherlands, the Ukraine, the United Kingdom, the United States.

▲ Aber Vorsicht! Es gibt hier auch Unterschiede zwischen Englisch und Deutsch:
  Switzerland – die Schweiz
  Turkey – die Türkei

Your link to the Portfolio
Ihr Link zum Portfolio

Was ist das Europäische Sprachenportfolio?
Es ist eine Art Ordner, in dem Sie beschreiben können:
- welche Sprachen Sie kennen,
- was Sie in jeder dieser Sprachen genau können.

Zudem kann das Sprachenportfolio Ihnen dabei helfen, Ihr Fremdsprachenlernen zu planen und verbessern. Auf der **NEXT**-Internetseite (www.hueber.de/next/portfolio) sowie auf S.152 finden Sie mehr Informationen über das Sprachenportfolio der deutschen Volkshochschulen, **Europäisches Sprachenportfolio für Erwachsene.**

Was heißt „europäisch"?
Das Europäische am Sprachenportfolio:
- die offizielle Anerkennung durch den Europarat in Straßburg,
- das europäische Stufensystem.

Was ist das europäische Stufensystem?
Es besteht aus sechs Stufen, die konkret beschreiben, was man auf der jeweiligen Stufe in der Fremdsprache kann. Diese Stufen heißen: A1, A2, B1, B2, C1, C2.

Lesen Sie eine kurze Beschreibung der ersten Stufe „A1", auf die Sie mit **NEXT A1** hinarbeiten:
„Ich kann mich auf einfache Art verständigen, wenn mein/e Gesprächspartner/in bereit ist, etwas langsamer zu wiederholen oder anders zu sagen, und mir dabei hilft zu formulieren, was ich sagen möchte. Ich kann einfache Fragen stellen und beantworten, sofern es sich um unmittelbar notwendige Dinge und um mir sehr vertraute Themen handelt."
© Europarat, Straßburg

Ähnliche Beschreibungen wie oben für das Sprechen gibt es auch für das Hörverstehen und das Leseverstehen sowie für das Schreiben.

Noch genauere Beschreibungen finden Sie in den so genannten „Checklisten" des Portfolios.

Mit dem Sprachenportfolio kann jede/r – anfangs mit ein wenig Hilfe – sich selbst einschätzen und für sich selbst Ziele festlegen. Mit Hilfe des Stufensystems können Sprachkenntnisse auch erstmals europaweit verglichen werden.

Was findet man sonst noch im Sprachenportfolio?
Jedes „Europäische Sprachenportfolio" hat drei Teile:
- eine Sprachenbiografie, mit deren Hilfe Sie sich überlegen können, was Sie bereits können und was und wie Sie weiter lernen wollen;
- einen Sprachenpass, der es Ihnen ermöglicht, alle Ihre Fremdsprachen und Sprachkenntnisse zu dokumentieren;
- ein Dossier, in dem Sie Ihre Sprachkenntnisse mit Dokumenten und Leistungsbeispielen nachweisen können.

Mehr zu Unit 1
Wie können Sie Ihre Lernfortschritte nachvollziehen?

1. **Bevor** Sie mit einer Unit beginnen:
a) Schauen Sie sich das Inhaltsverzeichnis im Student's Book an. Hier finden Sie den Lernstoff der Unit.
b) Gehen Sie zur letzten Seite der Unit. Oben auf der Seite finden Sie unter „Exploring my progress" eine Liste, die mit den Worten „Am Ende dieser Unit kann ich ..." beginnt. Hier stehen die Lernziele dieser Unit. Vielleicht können Sie das eine oder andere bereits: Dann können Sie sich auf die übrigen Ziele konzentrieren.

2. **Während** des Lernens mit der Unit:
a) Gehen Sie immer wieder zu den Lernzielen zurück. Wie schätzen Sie sich jetzt ein?
b) Schauen Sie die Tipps an, die Sie im Teil „Exploring learning" finden. Im Lauf der Unit werden Sie regelmäßig auf diese Tipps verwiesen, zum Beispiel in der Übung A2 auf Tipp 1.
c) Lesen Sie den Text im ersten der beiden blauen Kästen. Hier finden Sie weitere Anregungen für Ihr Lernen.
d) Lesen Sie den Teil „Lernen außerhalb des Englischkurses" am Schluss der Seite. Das Lernen hört auch am Ende der Lektion nicht auf!

3. **Am Ende** der Unit:
a) Testen Sie sich selbst anhand der "Kann-Beschreibungen". Denken Sie an die Aktivitäten im Unterricht zurück, in denen Sie die jeweilige Situation „durchgespielt" haben. Wenn Sie etwas nochmals üben möchten, zeigen die nebenstehenden roten Zahlen die Übungen usw. an, die Sie wiederholen können.
b) Überlegen Sie sich, wie gut Sie in dieser Unit gelernt haben. Wie könnten Sie ihre Leistung verbessern? Welche Tipps waren für Sie wertvoll?

Die Lerntipps in Unit 1

Das Thema der Lerntipps in Unit 1 ist Lernertypen. Wir sind alle verschiedene Lernertypen. Einige von uns sind visuelle Typen, wir lernen am besten, wenn wir die Dinge vor uns sehen. Andere nehmen viel über das Gehör, durch Hören und lautes Wiederholen, auf. Einige sind wieder sehr aktive Typen: Sie müssen alles selber ausprobieren, um es zu lernen, und sie lernen durch Fehler. Analytische Lernertypen möchten alles bis ins Detail verstanden haben, bevor sie es ausprobieren. In der Regel sind wir eine Mischung aus all diesen Lernertypen. Probieren Sie die Lerntipps aus. Vielleicht entdecken Sie Ihnen bisher unbekannten Aspekte Ihres Lernstils. Wenn Sie herausfinden möchten, wie Sie am liebsten und am besten lernen, machen Sie den kleinen Selbsttest „Aus meiner Lerngeschichte" unter folgender Adresse: www.hueber.de/next/portfolio.

Ihre Erkenntnisse können Sie anschließend in Ihrem Sprachenportfolio festhalten.

Mehr zu Unit 4
Was sind Sprachregeln? Wie wichtig sind sie?

1. Sprachregeln sind nicht wie Spielregeln, die strikt vorgeben, was man darf und nicht darf. Eine Sprachregel ist eher eine Beschreibung, wie die Sprecher und Sprecherinnen einer Sprache ihre Sprache benutzen, um miteinander zu kommunizieren.
2. Viele Sprachregeln, insbesondere grammatische Regeln, beschreiben die schriftliche Sprache und nicht die mündliche. Wir sprechen anders als wir schreiben. Das können Sie auch in Ihrer Muttersprache beobachten.
3. Wir brechen die Regeln sehr oft, z.B. um witzig zu sein, um neue Gedanken auszudrücken oder um kreativ zu sein. Denken Sie an Werbung! Werbetexter spielen mit der Sprache, sie brechen die Regeln bewusst.
4. Wir wissen alle, dass es grammatische Regeln gibt. Daneben gibt es andere, genauso wichtige Regeln, zum Beispiel solche, die beschreiben, wie ein Wort gebraucht wird: Im Deutschen „trifft" man eine Entscheidung – im Englischen verwendet man „take" oder „make". Weitere Regeln gibt es in Bezug auf Aussprache, Rechtschreibung, Kultur (im Deutschen zum Beispiel die Regeln bzw. die Gebräuche, die bestimmen, wann man „Sie" oder „du" sagt).
5. Beispielsätze oder -ausdrücke sind oft leichter zu lernen als Regeln. Auf der Basis solcher Beispiele können Sie neue Sätze bilden. Achten Sie daher mehr auf Regelmäßigkeiten, die Ihnen auffallen, als zu versuchen, komplizierte gelernte Regeln anzuwenden.

Versuchen Sie, die folgenden Fragen für sich zu beantworten:
- Stellen Sie sich unterschiedliche Situationen vor, in denen Sie mündlich kommunizieren müssen. Welche Fehler könnten in diesen Situationen die Kommunikation stören? Welche wären eventuell akzeptabel?
- Generell: Ist es besser, etwas nicht ganz richtig zu sagen, oder ist es besser, wenn man sich unsicher fühlt, gar nichts zu sagen?

Sie können Ihre Überlegungen in Ihrem Portfolio festhalten.

Mehr zu Unit 8
Mögen Sie Grammatik?

Viele von uns haben unangenehme Erinnerungen an Grammatikunterricht in der Schule. Andere haben vielleicht Grammatik in der Schule interessant gefunden. Aber können Sie ehrlich sagen, dass die Grammatiklektionen Ihre kommunikative Kompetenz direkt gefördert und ihr Selbstvertrauen bei ersten Kontakten mit der Sprache außerhalb der Schule gestärkt haben?

Die Lerntipps in Unit 8 vermitteln Ihnen eine etwas andere Sicht auf Grammatik. Wie in den Lerntipps in Unit 4 wird hier vorgeschlagen, sich Beispiele und Regelmäßigkeiten zu merken (Tipps 1 und 2). In Tipp 4 zeigt man Ihnen, wie Sie eine Regelmäßigkeit als „Rahmen" lernen und mit neuen Inhalten „füllen" können. Und Tipp 3 zeigt, wie Sie Grammatik visualisieren können.

Versuchen Sie, die folgenden Fragen für sich zu beantworten:
- Welche Bedeutung haben für Sie die unterschiedlichen Inhalte des Sprachkurses?
- Wie würden Sie die folgenden Aspekte gewichten: Grammatik, Wortschatz, Aussprache, Rechtschreibung, Situationen usw.?

Mehr zu Unit 10
Thema „learning in groups"

Lernen Sie besser alleine oder mit anderen zusammen? Ein zeitgemäßer Sprachenunterricht legt viel Wert auf „soziales Lernen", d.h. mit einem Partner oder in kleinen Gruppen. Überlegen Sie sich mit Hilfe der folgenden Fragen, inwieweit diese Art von Lernen Ihnen entgegenkommt:

	einverstanden	nicht einverstanden	weiß nicht
Es macht Spaß, zusammen mit anderen zu lernen.	☐	☐	☐
Partnerarbeit usw. bietet mehr Gelegenheit zum Üben (mehr Sprechen).	☐	☐	☐
Man ist in einer Gruppe aktiver.	☐	☐	☐
Es fehlt mir Zeit nachzudenken.	☐	☐	☐
Man kann von den anderen in der Gruppe lernen.	☐	☐	☐
Sprechen in Gruppen geht gut, aber Schreiben und Lesen weniger.	☐	☐	☐

Meine Meinung dazu

___

Wenn das Thema Sie interessiert,
- sprechen Sie darüber mit der Gruppe und Ihrer Kursleitung,
- schauen Sie die Seiten 10 – 14 (Wege zum Sprachenlernen) im **Europäischen Sprachenportfolio für Erwachsene** an.

Kopieren Sie Ihre Antworten und Überlegungen zu diesem Thema und bewahren Sie sie in Ihrem Portfolio auf: Sie können zu einem späteren Zeitpunkt darauf zurückkommen.

NB: Sie finden diese Übersicht auch als Download unter
www.hueber.de/next/portfolio.

Portfolio

Meine Selbstbeurteilung am Ende des Kurses

Jetzt sind Sie am Ende des **NEXT A1**-Kurses angelangt. Wo stehen Sie jetzt? Wie war der Lernweg bis jetzt? Wohin führt er in Zukunft?

- Schauen Sie die „Kann-Beschreibungen" der Units in Ihrem Student's Book wieder an. Wie schätzen Sie sich jetzt ein?
- Lesen Sie unten die Beschreibung des A1-Niveaus. Haben Sie dieses Niveau jetzt erreicht?

Hören
Ich kann vertraute Wörter und ganz einfache Sätze verstehen, die sich auf mich selbst, meine Familie oder auf konkrete Dinge um mich herum beziehen, vorausgesetzt, es wird langsam und deutlich gesprochen.

Lesen
Ich kann einzelne vertraute Namen, Wörter und ganz einfache Sätze verstehen, z. B. auf Schildern, Plakaten oder in Katalogen.

Sprechen: an Gesprächen teilnehmen
Ich kann mich auf einfache Art verständigen, wenn mein/e Gesprächspartner/in bereit ist, etwas langsamer zu wiederholen oder anders zu sagen, und mir dabei hilft zu formulieren, was ich sagen möchte. Ich kann einfache Fragen stellen und beantworten, sofern es sich um unmittelbar notwendige Dinge und um sehr vertraute Themen handelt.

Sprechen: zusammenhängendes Sprechen
Ich kann einfache Wendungen und Sätze gebrauchen, um Leute, die ich kenne, zu beschreiben und um zu beschreiben, wo ich wohne.

Schreiben
Ich kann eine kurze, einfache Postkarte schreiben, z. B. Feriengrüße. Ich kann auf Formularen, z. B. in Hotels, Namen, Adresse, Nationalität usw. eintragen.

© *Europarat, Straßburg*

(Um sich genauer einzuschätzen, verwenden Sie die Checklisten aus dem Sprachenportfolio – **Europäisches Sprachenportfolio für Erwachsene**, Seiten 17, 23, 29, 35 und 41).

Wie haben Sie bis jetzt gelernt?
Denken Sie an die Lerntipps aus dem Student's Book zurück. Welche Erfahrungen haben Sie damit gemacht? Haben Sie an Ihrem Lernstil etwas geändert oder möchten Sie das tun?

Was ist Ihr nächstes Ziel und wie wollen Sie dieses Ziel erreichen?
- Setzen Sie sich Ziele für Ihre nächste Lernphase. Benutzen Sie dafür das Formular auf der nächsten Seite.
- Besprechen Sie mit den anderen Kursteilnehmern und Ihrer Kursleiterin / Ihrem Kursleiter, was und wie Sie weiterlernen wollen. In einer Lerngruppe gibt es immer unterschiedliche Schwerpunkte, aber der **NEXT A2 / 1**-Kurs bietet Ihnen in jedem Fall eine Fülle von Möglichkeiten, aus denen Sie in Ihrer Gruppe die geeignetsten auswählen können.
- Heben Sie das ausgefüllte Formular in Ihrem Portfolioordner auf und kontrollieren Sie Ihre Lernfortschritte in einigen Monaten erneut.

Am Ende des Formulars notieren Sie Ihre persönlichen Lernschwerpunkte für die nächste Zeit. Bleiben Sie so konkret wie möglich. Hier sind zwei Beispiele:

Wortschatz besser lernen:
Ich werde mir vor dem nächsten Semester eine Wortschatzkartei anlegen.
Ich werde mir jeden Mittwoch um 18.00 (am Tag nach dem Englischkurs) die Zeit nehmen, den neuen Wortschatz auf Karteikarten zu schreiben.
Und ich werde 1–2-mal in der Woche (z. B. am Sonntag um 17.00) die Karten durcharbeiten.

Mehr sprechen:
Ich werde versuchen, im Kurs mehr zu sprechen.
Ich brauche mehr Zeit als andere, die passenden Wörter und Ausdrücke zu finden, aber ich werde die anderen um mehr Geduld bitten, also dass sie „auf mich warten".

Portfolio

Mein Lernplan   Datum: _____

Wie zufrieden sind Sie mit Ihren Lernfortschritten?

	sehr zufrieden	ziemlich zufrieden	unzufrieden	Lernschwerpunkt
Wortschatz lernen	▪	▪	▪	▪
Texte lesen	▪	▪	▪	▪
Hörverstehen	▪	▪	▪	▪
Sprechen: zusammenhängende Sätze produzieren	▪	▪	▪	▪
Sprechen: Kommunikation mit anderen	▪	▪	▪	▪
Lesen	▪	▪	▪	▪
Grammatik verstehen	▪	▪	▪	▪
Grammatik anwenden	▪	▪	▪	▪
Aussprache	▪	▪	▪	▪
Schreiben	▪	▪	▪	▪
Rechtschreibung	▪	▪	▪	▪
Gedächtnisleistung	▪	▪	▪	▪
Teilnahme am Unterricht	▪	▪	▪	▪
Häusliche Lernarbeit	▪	▪	▪	▪

Mein Plan
Wählen Sie 1-2 Lernschwerpunkte aus. Schreiben Sie für jeden Schwerpunkt Ihren Plan.

Schwerpunkt 1:
_____
_____
_____
_____

Schwerpunkt 2:
_____
_____
_____
_____

NB: Sie finden dieses Formular auch als Download unter
www.hueber.de/next/portfolio.

Nähere Informationen über das **Europäisches Sprachenportfolio für Erwachsene** der deutschen Volkshochschulen mit Sprachenpass, Sprachenbiographie, Dossier und einem Leitfaden mit Hinweisen zur Umsetzung im Sprachlernprozess finden Sie im Internet unter www.hueber.de/next/portfolio.
Das **Europäische Sprachenportfolio für Erwachsene**, das exklusiv im Hueber Verlag veröffentlicht worden ist, können Sie auf www.hueber.de/portfolio kostenlos herunterladen.

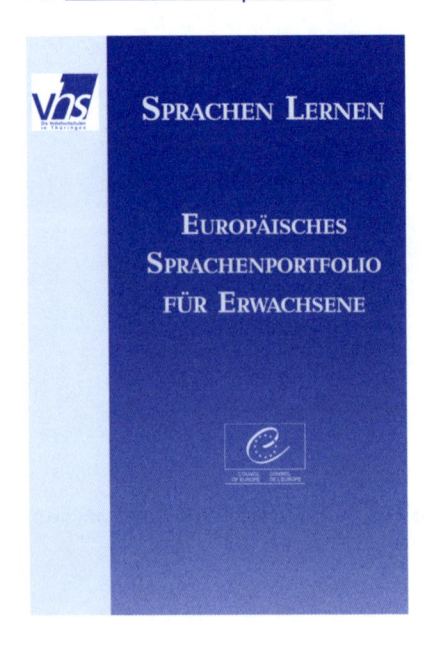